Fondamenti di Cybersicurezza per Principianti

Comprendere le Minacce Online, la Protezione delle Password e Come Rimanere al Sicuro in un Mondo Connesso

Di Joe Correa

Pubblicato da Live Stronger Faster

Prima Edizione

Indice dei Contenuti

Introduzione

Viviamo in un mondo più connesso che mai. Dai termostati intelligenti e i dispositivi per il fitness, fino ai servizi bancari online e ai dati aziendali archiviati nel cloud, le nostre vite personali e professionali sono profondamente intrecciate con il panorama digitale. Sebbene questa comodità offra opportunità incredibili, apre anche la porta a rischi senza precedenti. Ogni giorno, milioni di persone si espongono inconsapevolmente ad hacker, truffe di phishing, furti d'identità e violazioni dei dati, non perché siano negligenti, ma semplicemente perché non sanno cosa osservare o evitare. Ed è proprio da qui che inizia questo libro, e questa serie.

Fondamenti di Cybersicurezza per Principianti è la tua guida semplice e amichevole, senza gergo tecnico complicato, per comprendere le minacce digitali che ti circondano e imparare a proteggere te stesso e le tue informazioni. Questo libro è stato scritto per persone comuni, non per esperti di tecnologia. Che tu sia un genitore che vuole mantenere i propri figli al sicuro online, un imprenditore che deve proteggere i dati dei clienti, oppure qualcuno che desidera semplicemente smettere di essere hackerato o truffato, sei nel posto giusto.

La cybersicurezza non riguarda soltanto i reparti IT o le agenzie governative. Riguarda tutti. In effetti, i criminali informatici fanno spesso affidamento sull'ignoranza e sulla disattenzione delle persone. Non hanno bisogno di "hackerare" sistemi sofisticati quando possono semplicemente convincere qualcuno a cliccare su un link dannoso o a riutilizzare la stessa password debole su decine di account. La verità è che la maggior parte delle violazioni della sicurezza può essere prevenuta con le giuste abitudini, gli strumenti adeguati e una maggiore consapevolezza — ed è esattamente ciò che questo libro ti insegnerà.

Inizieremo dalle basi: cosa significa realmente cybersicurezza, quali tipi di minacce potresti affrontare e perché oggi sia più importante che mai. Da lì, analizzeremo cosa rende una password davvero sicura (e come ricordarla), come riconoscere email di phishing e siti web falsi, e come utilizzare l'autenticazione a due fattori e le VPN per proteggere i tuoi dati come un professionista. Imparerai anche a proteggere i tuoi dispositivi, le reti e persino i membri della tua famiglia utilizzando strategie semplici ed economiche.

L'obiettivo di questo libro non è sommergerti con termini tecnici o spaventarti fino alla paranoia. È quello di darti gli strumenti necessari attraverso azioni pratiche che puoi applicare immediatamente, anche se non ti sei mai considerato una persona "esperta di tecnologia". Non hai bisogno di una laurea in informatica per restare al sicuro online. Hai semplicemente bisogno della mentalità giusta e delle informazioni corrette, presentate in modo chiaro e pratico.

Questo è il Libro 1 della serie Cyber Shield Academy, un percorso in 10 parti pensato per accompagnarti da principiante a persona competente nel campo della sicurezza informatica. Ogni libro della serie è progettato per aiutarti a padroneggiare un'area fondamentale della cybersicurezza e della privacy digitale — dalla comprensione delle minacce e la protezione dei dispositivi, fino alla sicurezza delle piccole imprese, alla comunicazione sicura e alla comprensione delle leggi sulla privacy dei dati. Troverai strumenti pratici, esempi reali e guide passo dopo passo per costruire la tua sicurezza digitale, un argomento alla volta.

Prima di iniziare, ricorda una cosa: le minacce informatiche stanno crescendo, ma cresce anche la tua capacità di superarle in astuzia. Questo libro rappresenta il primo passo per riprendere il controllo nel mondo digitale. Internet è qui per restare — così come i rischi — ma con il giusto scudo puoi rimanere al sicuro, sicuro di te e sempre in controllo.

Iniziamo il tuo viaggio nella cybersicurezza.

Capitolo 1: Cos'è la Cybersicurezza e Perché È Importante

La cybersicurezza è la pratica di proteggere computer, server, dispositivi mobili, reti e dati da attacchi dannosi. Nel mondo connesso di oggi, quasi tutto ciò che facciamo — dalle operazioni bancarie agli acquisti online, dalle conversazioni al lavoro — dipende dai sistemi digitali. Questi sistemi rendono la vita più semplice, ma creano anche vulnerabilità. La cybersicurezza agisce come un'armatura invisibile che indossiamo per proteggere la nostra presenza digitale da furti, sfruttamento e distruzione.

Pensa alla cybersicurezza sia come a una routine di igiene personale sia come a un sistema di difesa nazionale. Su piccola scala, significa utilizzare password forti, bloccare il telefono ed evitare link sospetti. Su scala più ampia, include la protezione degli ospedali dagli attacchi ransomware, la difesa delle reti elettriche dalle intrusioni straniere e la protezione delle piccole imprese dalle violazioni dei dati dei clienti. Che tu sia un individuo o un'organizzazione, la cybersicurezza rappresenta la tua prima linea di difesa.

I Rischi Reali: Non È una Questione di "Se", ma di "Quando"

Molte persone credono erroneamente che gli attacchi informatici colpiscano soltanto grandi aziende o persone estremamente ricche. Ma in realtà, la maggior parte degli attacchi prende di mira persone comuni e piccole imprese. Perché? Perché sono obiettivi facili. Spesso non dispongono di sistemi di sicurezza avanzati, e gli hacker possono automatizzare attacchi di massa per sfruttare punti deboli.

Se ti è mai stato hackerato un account social, se hai ricevuto un'email sospetta apparentemente inviata dalla tua banca, oppure hai notato addebiti strani sulla tua carta di credito, hai già sperimentato questi rischi in prima persona. I criminali informatici utilizzano di tutto: email di phishing, siti web falsi, malware nascosti nelle applicazioni e download gratuiti. Queste tattiche richiedono poco sforzo, ma possono rubare la tua identità, svuotare il tuo conto bancario o compromettere la tua reputazione.

La cybersicurezza non è più facoltativa. Il panorama delle minacce evolve ogni giorno — ed è tuo compito restare un passo avanti. Imparare le basi è il primo passo, ed è anche il più importante.

I Pilastri Fondamentali della Cybersicurezza

La cybersicurezza si basa su diversi pilastri fondamentali che lavorano insieme per creare un sistema completo di protezione. Il primo è la riservatezza — mantenere le informazioni sensibili private e lontane dalle mani sbagliate. Questo include tutto: dalle password e il numero di previdenza sociale ai documenti aziendali e alle cartelle cliniche. Senza riservatezza, la fiducia nei sistemi digitali scompare.

Il secondo pilastro è l'integrità — garantire che i dati rimangano accurati e inalterati, salvo autorizzazione. Immagina se un hacker potesse modificare i tuoi dati bancari, la tua storia clinica o il tuo fascicolo lavorativo senza che tu lo sappia. Mantenere l'integrità dei dati garantisce che ciò che è archiviato corrisponda alla realtà.

Infine c'è la disponibilità — assicurare che le informazioni e i sistemi siano accessibili alle persone giuste nel momento in cui ne hanno bisogno. Gli attacchi denial-of-service (DoS), ad esempio, possono bloccare interi siti web o servizi. Un'elevata disponibilità è fondamentale sia per le aziende sia per gli utenti che dipendono da un accesso immediato.

Quando senti parlare di cybersicurezza, in realtà si parla della protezione di questi tre principi: riservatezza, integrità e disponibilità — conosciuti anche come la "Triade CIA".

I Criminali Informatici: Chi Sono e Cosa Vogliono?

Non tutti gli hacker indossano felpe con cappuccio e vivono in uno scantinato. In realtà, i criminali informatici esistono in molte forme — e non tutti sono umani. Alcuni sono hacker solitari che agiscono per guadagno personale, mentre altri sono gruppi sponsorizzati da stati che conducono guerre digitali. Alcuni utilizzano ransomware per bloccare sistemi e chiedere un riscatto. Altri si fingono la tua banca o il tuo datore di lavoro per truffarti. Altri ancora utilizzano bot e script alimentati dall'intelligenza artificiale per colpire migliaia di utenti contemporaneamente.

Le loro motivazioni variano. Alcuni vogliono semplicemente denaro. Altri cercano influenza politica, vendetta, accesso alla proprietà intellettuale o persino prestigio nei circuiti oscuri del dark web. Alcuni attacchi sono casuali, mentre altri sono altamente mirati e sofisticati. Più comprendi la mentalità di un criminale informatico, meglio sarai in grado di proteggerti.

Questo capitolo non riguarda la paura — riguarda la consapevolezza. Quando inizi a riconoscere i diversi tipi di minacce e le persone dietro di esse, inizi a riprendere il controllo.

Il Costo dell'Ignoranza: Conseguenze Personali e Professionali

Le conseguenze dell'ignorare la cybersicurezza vanno ben oltre un account Facebook hackerato. A livello personale, la tua identità può essere rubata, il tuo conto bancario svuotato, il tuo credito rovinato o le tue foto diffuse online. A livello professionale, una singola violazione dei dati può distruggere la reputazione di un'azienda, causare cause legali o comportare devastanti sanzioni finanziarie.

Ad esempio, il proprietario di una piccola impresa potrebbe perdere tutti i dati dei clienti a causa di un attacco di phishing, perdendo così clienti e affrontando possibili azioni legali. Un libero professionista potrebbe vedere l'intero portfolio cancellato da un ransomware. Persino un solo clic sul link sbagliato può diffondere malware attraverso dispositivi e reti.

La cybersicurezza non è solo una questione tecnologica — è una questione di vita. Influisce sulle tue finanze, sul tuo lavoro, sulla tua famiglia e sulla tua tranquillità. Più sarai proattivo, meno dovrai reagire quando qualcosa andrà storto.

La Mentalità del Principiante: Non Devi Essere un Genio della Tecnologia

La buona notizia è che imparare le basi della cybersicurezza non richiede una laurea tecnica né competenze di programmazione. Ciò che serve davvero è consapevolezza, costruzione di buone abitudini e la volontà di assumerti la responsabilità della tua vita digitale. Proprio come chiudere la porta di casa la sera, praticare la cybersicurezza dovrebbe diventare naturale.

Inizia comprendendo il valore delle tue informazioni. Ogni email, password, accesso o fotografia rappresenta un potenziale punto d'ingresso per un criminale informatico. Poi sviluppa l'abitudine di mettere tutto in discussione: questa email proviene davvero da chi dice di essere? Questo sito web è sicuro? La mia password è troppo facile da indovinare? Questi piccoli cambiamenti di mentalità possono avere enormi effetti protettivi.

Questo capitolo prepara il terreno per il resto del libro — e per l'intera serie. Con il tempo passerai dalle strategie di protezione di base a pratiche più avanzate. Ma, indipendentemente da quanto andrai avanti, ricorda sempre: la cybersicurezza inizia con una scelta — prendere sul serio la tua sicurezza digitale.

Il Campanello d'Allarme

Sophia non aveva mai pensato molto alla cybersicurezza. Era una scrittrice freelance poco più che trentenne, che lavorava da casa in un accogliente appartamento poco fuori Seattle. Le sue mattine iniziavano quasi sempre con una tazza di caffè, una rapida occhiata ai social media e poi si immergeva nel progetto del cliente del giorno. La sua vita era semplice e digitale. Come molte persone, riutilizzava le password, cliccava su "Ricordamelo più tardi" per gli aggiornamenti software e dava per scontato che il suo antivirus di cinque anni prima stesse ancora funzionando da qualche parte in sottofondo.

Un lunedì mattina aprì il laptop e trovò qualcosa di strano. Uno schermo rosso lampeggiante aveva sostituito il desktop. Un messaggio diceva: "I tuoi file sono stati crittografati. Paga 1.200 dollari in Bitcoin per sbloccare i tuoi dati." Lo stomaco le si chiuse. Cercò di uscire dalla schermata, ma senza successo. Tutti i suoi documenti — articoli, contratti e persino fotografie personali — erano bloccati. Non capiva come fosse successo. E questa era la parte peggiore: non aveva idea da dove iniziare.

Con il passare delle ore, il panico iniziò a prendere il sopravvento. Chiamò il suo amico Mike, esperto di tecnologia, che le spiegò rapidamente che probabilmente era stata vittima di un ransomware — un tipo di attacco informatico in cui gli hacker bloccano i file e chiedono un pagamento.

"Hai cliccato su qualcosa di strano ultimamente?" le chiese.

Sophia ricordò un'email che sembrava provenire dall'azienda di un cliente. L'oggetto diceva "Fattura Allegata" e riportava persino il nome del cliente. Senza pensarci troppo, aveva cliccato sul link e aperto un file che sembrava un foglio di calcolo. Era successo tre giorni prima.

Mike sospirò. "Probabilmente è stato quello. Adesso usano email di phishing molto convincenti. Non è colpa tua, ma la prossima volta devi controllare meglio il mittente e non aprire allegati casuali."

Sophia si sentì stupida. Non era una ragazzina irresponsabile che navigava su siti sospetti. Stava semplicemente cercando di fare il proprio lavoro. Eppure, in qualche modo, aveva lasciato entrare qualcuno direttamente dalla porta principale della sua vita digitale — e ora tutto era a rischio.

Nei giorni successivi, Sophia imparò più cose sulla cybersicurezza di quante ne avesse mai apprese in tutta la sua vita. Iniziò a guardare video su YouTube, leggere articoli e ascoltare podcast sull'igiene digitale. Più imparava, più si arrabbiava — non solo con gli hacker, ma anche con sé stessa per aver pensato di non doversene preoccupare.

Scoprì che ogni giorno vengono creati oltre 300.000 nuovi malware, che le truffe di phishing costano miliardi di dollari ogni anno e che il 60% delle piccole imprese fallisce entro sei mesi da un attacco informatico. E lei, da sola, con la sua attività individuale, era completamente vulnerabile e totalmente impreparata.

Sophia si era sempre considerata intelligente. Non aveva mai pensato che un hacker potesse interessarsi a qualcuno come lei. Ma questo è il punto — i criminali informatici non prendono sempre di mira obiettivi famosi o importanti. Vogliono vittorie facili. Persone che non si accorgono di nulla finché non è troppo tardi. E questa volta, lei era stata il bersaglio perfetto.

Dopo alcune notti insonni e più caffè di quanto volesse ammettere, Sophia prese una decisione: non avrebbe pagato il riscatto. Mike la aiutò a cancellare il disco rigido e a recuperare ciò che poteva dai vecchi backup nel cloud. Perse circa il 30% del suo lavoro — inclusi alcuni scritti personali che non aveva salvato altrove. Ma considerò quella perdita come una lezione. Il prezzo da pagare per la sua ingenuità digitale.

Ancora più importante, fece una promessa a sé stessa: non si sarebbe mai più fatta trovare impreparata.

Iniziò a prendere misure pratiche. Installò un gestore di password e creò frasi di accesso lunghe e uniche per ogni account. Attivò l'autenticazione a due fattori sulla posta elettronica, sulla banca e sui social media. Aggiornava regolarmente il software. Cominciò persino a utilizzare una VPN quando lavorava nei caffè o negli spazi di coworking.

I suoi amici scherzavano dicendo che era diventata ossessionata dalla cybersicurezza. Ma Sophia sorrideva soltanto. Non era paranoica — era preparata.

Quell'attacco diventò un punto di svolta nella sua carriera. Cominciò a proporre articoli sulla cybersicurezza per freelance, a scrivere guide per lavoratori da remoto e persino a creare contenuti per startup tecnologiche focalizzate sulla sicurezza online. Quella dolorosa lezione le aveva dato una nuova specializzazione — e uno scopo.

Uno dei suoi articoli più popolari si intitolava: "Non Succederà Mai a Me — Finché Non Succede." Condivise apertamente la sua storia e ricevette centinaia di messaggi da persone che avevano vissuto esperienze simili. Alcuni avevano perso i risparmi. Altri avevano visto le proprie attività online compromesse. Tutti avevano una cosa in comune: non avevano idea di quanto fosse facile per qualcuno entrare nelle loro vite digitali finché non era troppo tardi.

Sophia capì che la cybersicurezza non era soltanto un argomento tecnologico — era un argomento umano. Riguardava le persone, la fiducia e le conseguenze molto reali dell'essere impreparati in un mondo digitale.

Mesi dopo, l'appartamento di Sophia sembrava lo stesso — ma qualcosa di fondamentale era cambiato. Non ignorava più gli aggiornamenti software e non utilizzava più la stessa password due volte. Non vedeva più le minacce online come qualcosa di cui dovessero preoccuparsi "gli altri". Aveva imparato, nel modo più difficile, che la cybersicurezza è responsabilità di tutti.

E ora, quando aiutava altre persone a costruire la loro presenza online, iniziava sempre con una domanda: "Come stai proteggendo la tua vita digitale?"

Perché dietro ogni clic, ogni email e ogni accesso, viene presa una decisione — restare vulnerabili o restare consapevoli.

Sophia scelse la consapevolezza. E quella scelta cambiò tutto.

Capitolo 2: Password, Passphrase e Protezione dei Tuoi Accessi

Le password sono la forma più antica di sicurezza digitale, eppure rimangono uno degli anelli più deboli della cybersicurezza personale. Ogni applicazione, email, banca e account cloud inizia con un semplice accesso — un nome utente e una password. Ma se quella singola linea di difesa è debole, tutto ciò che si trova dietro di essa è esposto.

Molte persone pensano che i criminali informatici violino le password usando algoritmi avanzati, ma la verità è spesso molto più semplice — gli attaccanti sfruttano il comportamento umano. Le persone tendono a riutilizzare le password, a utilizzare parole facilmente intuibili (come "password123") o a conservarle in modo non sicuro. Ecco perché una grande percentuale degli attacchi informatici inizia con credenziali compromesse. Infatti, oltre l'80% delle violazioni dei dati è collegato a password deboli o riutilizzate. Rafforzare le tue pratiche di accesso è uno dei modi più semplici e più efficaci per proteggerti online.

L'Anatomia di una Password Forte rispetto a una Passphrase Forte

Esiste una differenza tra una password e una passphrase. Una password è spesso una singola parola o una breve sequenza di caratteri — ad esempio "Estate2024!" oppure "Johnny!123". Una passphrase, invece, è una stringa più lunga simile a una frase, come "LeGiraffeBallanoAMezzanotte2025!" oppure "AmoIlMioCaneRufus&IlCaffèOgniGiorno." Le passphrase sono più difficili da indovinare, più facili da ricordare e significativamente più sicure.

Password o passphrase forti dovrebbero seguire tre principi: lunghezza, complessità e unicità. La lunghezza è fondamentale — più lunga è, meglio è. La complessità significa mescolare lettere maiuscole e minuscole, numeri e simboli speciali. L'unicità significa non riutilizzare mai la stessa password su più account. Una passphrase efficace può essere una combinazione di parole scollegate tra loro, una frase bizzarra o un'espressione che solo tu puoi comprendere. Evita nomi, date di nascita o qualsiasi informazione personale facilmente identificabile.

Utilizzare una sola password o frase principale per tutto è come usare la stessa chiave per la casa, l'auto, la cassetta della posta e l'ufficio — perderla una volta significa compromettere tutto.

Il Pericolo di Riutilizzare le Password su Più Account

È allettante riutilizzare una password, soprattutto per account che non sembrano “importanti”. Ma gli hacker non fanno distinzioni. Spesso iniziano dalle piattaforme meno sicure – come un’app di consegna di cibo o il login di un vecchio forum — e da lì cercano di entrare nei tuoi account principali.

Questa strategia è chiamata credential stuffing — gli attaccanti prendono nomi utente e password rubati durante violazioni dei dati e li testano automaticamente su altri siti, sperando che tu abbia riutilizzato le stesse credenziali. Se la password della tua app fitness è stata violata l’anno scorso e hai usato la stessa per Gmail, potresti svegliarti un giorno trovando la tua email hackerata, il conto bancario compromesso o i tuoi account social cancellati.

Usare password uniche per ogni account è essenziale, soprattutto per email, servizi bancari, archiviazione cloud e piattaforme lavorative. Questi sono obiettivi di alto valore che possono causare gravi danni personali e finanziari se compromessi.

Come Gestire le Password Senza Impazzire

Con decine o addirittura centinaia di account, come può una persona ricordare password uniche per ciascuno? La risposta è: i gestori di password. Un password manager è una cassaforte digitale sicura che archivia e genera password forti e uniche per ogni account. Devi ricordare soltanto una password principale per accedere alla cassaforte.

Gestori di password popolari come 1Password, Bitwarden e LastPass crittografano i tuoi dati e li sincronizzano tra dispositivi. Possono compilare automaticamente i login, suggerire nuove password sicure e avvisarti di quelle deboli o riutilizzate. Utilizzare un password manager non solo aumenta la tua sicurezza, ma semplifica anche la tua vita digitale.

Se non sei ancora pronto a utilizzare completamente un password manager, inizia con un approccio ibrido: usa un quaderno conservato in modo sicuro nella tua casa (mai online), oppure crea passphrase che seguano una formula personale comprensibile solo a te. Evita però di scrivere le password su post-it o salvarle nelle note del browser, nelle email o in file cloud non crittografati.

Aggiungere una Seconda Serratura: l'Autenticazione a Due Fattori (2FA)

Anche la password più forte può essere compromessa. Per questo motivo, l'autenticazione a due fattori (2FA) è indispensabile per qualsiasi account importante. La 2FA aggiunge un passaggio extra dopo l'inserimento della password

— di solito un codice temporaneo inviato tramite SMS, email o un'app di autenticazione come Google Authenticator o Authy.

Pensa alla 2FA come a una seconda serratura sulla porta principale della tua vita digitale. Anche se un hacker ruba la tua password, avrà comunque bisogno del codice temporaneo presente sul tuo secondo dispositivo. Questo riduce drasticamente le possibilità di accesso non autorizzato.

Attiva la 2FA sulla tua email, sulle app bancarie, sui social media, sull'archiviazione cloud e ovunque sia disponibile. Se possibile, evita la 2FA tramite SMS, poiché i numeri di telefono possono essere compromessi tramite attacchi di SIM swapping. Le app di autenticazione o le chiavi fisiche di sicurezza come YubiKey sono molto più sicure.

Allenarti a Pensare Come un Professionista delle Password

La cybersicurezza non riguarda soltanto gli strumenti — riguarda la mentalità. Inizia a trattare le tue credenziali di accesso come denaro contante. Non lasceresti banconote da cento euro sparse per casa o in ufficio, eppure molte persone conservano password in file di testo non crittografati o nelle app per appunti. Allenati a mettere in discussione ogni tentativo di accesso: sono davvero sul sito corretto? Questa connessione è sicura? Questa password è stata riutilizzata?

Fai piccoli passi ogni giorno. Controlla le tue password attuali utilizzando strumenti di verifica delle password. Sostituisci gli accessi più vulnerabili con password più forti. Imposta promemoria sul calendario per aggiornare le password più importanti ogni trimestre. Usa la 2FA ovunque possibile. E soprattutto, smetti di pensare "non succederà a me."

Proteggere i tuoi accessi è l'abitudine più semplice ma anche più importante della cybersicurezza. Con pochi miglioramenti alla tua igiene digitale, sarai significativamente più protetto rispetto all'utente medio — e molto meno vulnerabile alla prossima violazione o truffa.

Password, Passphrase e Protezione dei Tuoi Accessi

Derrick si era sempre considerato un "tipo tecnologico." Gestiva il suo sito e-commerce, amministrava diversi account online per fornitori di prodotti e archiviava tutto — dalle fatture alle foto dei prodotti — in cartelle cloud. Non era certo un esperto di cybersicurezza, ma pensava di essere prudente — o almeno così credeva.

Una sera, mentre sorseggiava tè verde e aggiornava un elenco di prodotti, si ritrovò improvvisamente bloccato fuori dal suo sito. All'inizio pensò fosse un problema tecnico. Forse la sessione era scaduta. Ma quando cercò di accedere di nuovo, la password non funzionava. Cliccò su "Password dimenticata" e aspettò l'email di reimpostazione. Nulla. Riprovò. Ancora niente.

Aprì l'app della posta elettronica. Anche quella era bloccata. Il panico iniziò lentamente a crescere. Prese il telefono e trovò uno strano messaggio: "Abbiamo preso il controllo dei tuoi account. Se vuoi riavere accesso, invia 500 dollari in Bitcoin." La mascella si irrigidì. In pochi minuti, qualcuno aveva rubato la sua identità online – e Derrick non aveva idea di come fosse successo.

Non ci volle molto prima che i danni si manifestassero. Gli hacker avevano utilizzato una delle sue vecchie password – una password creata anni prima e riutilizzata su decine di siti. Quando una violazione dei dati di uno strumento di marketing di terze parti espose le credenziali degli utenti, anche il suo login fu compromesso. Gli attaccanti usarono semplicemente quella stessa password su altri servizi, e funzionò.

Aveva sempre avuto intenzione di aggiornare le password – "più tardi." Sapeva che non avrebbe dovuto riutilizzare la stessa su più piattaforme, ma la comodità sembrava più importante del rischio – almeno fino a quel momento. "Perché qualcuno dovrebbe prendere di mira proprio me?" pensava.

Ma si rese conto che non era stato preso di mira personalmente. Era semplicemente un bersaglio facile.

Quella singola password riutilizzata diede agli hacker accesso ai suoi account PayPal, Gmail e Shopify. Cambiarono le email di recupero, reindirizzarono gli ordini dei clienti e iniziarono a inviare email di phishing alla sua lista di contatti. Derrick trascorse il resto della notte a chiamare la banca, bloccare le carte e cercare disperatamente di recuperare i suoi account prima che i danni diventassero irreversibili.

Nei giorni successivi, Derrick si immerse completamente nel mondo della cybersicurezza. Imparò cosa fosse il credential stuffing, dove bot automatizzati testano password rubate su migliaia di siti in pochi secondi. Scoprì che la maggior parte degli hacker non ha bisogno di "forzare" un sistema – spesso entrano semplicemente da porte lasciate aperte.

Scoprì quanto fosse facile scaricare credenziali rubate da vecchie violazioni dei dati, alcune risalenti a più di dieci anni prima. Molte di quelle email e password funzionavano ancora perché gli utenti non le avevano mai cambiate. Derrick trovò persino la sua vecchia password pubblicata in un database di violazioni. Gli si rivoltò lo stomaco.

Determinato a riprendere il controllo, eliminò ogni password debole o duplicata e creò lunghe passphrase casuali per ogni account. Invece di usare parole brevi o compleanni, iniziò a usare frasi come "Ananas$TamburiVolano1994!" oppure "CaffèLibri&JazzPerSempre." Erano lunghe, insolite e facili da ricordare — ma impossibili da indovinare. Aggiunse l'autenticazione a due fattori a ogni piattaforma che la supportava, promettendo a sé stesso di non sottovalutare mai più l'igiene digitale.

Derrick scoprì anche i gestori di password. All'inizio era scettico — non era rischioso mettere tutte le password nello stesso posto? Ma più faceva ricerche, più capiva che i password manager crittografati erano molto più sicuri rispetto all'affidarsi alla memoria o ai quaderni. Scelse un servizio che offriva crittografia zero-knowledge e sincronizzazione sicura tra dispositivi.

Ora Derrick doveva ricordare soltanto una passphrase principale. Il gestore generava e archiviava tutte le altre. Quello che un tempo sembrava un mal di testa diventò automatico. Ogni volta che visitava un sito, i campi di accesso si compilavano da soli con credenziali forti e uniche. Finalmente iniziò a sentirsi davvero in controllo.

Fece anche un passo in più. Controllò ogni account per vedere se offriva opzioni 2FA e utilizzò un'app di autenticazione invece degli SMS, che aveva scoperto poter essere compromessi tramite SIM swapping. Con poche ore di lavoro, trasformò il suo sistema di login disordinato e vulnerabile in una vera fortezza.

Un pomeriggio, Derrick ottenne un nuovo cliente – qualcuno consigliato da un amico nel settore e-commerce. Durante la chiamata iniziale, il cliente raccontò di essere stato recentemente bloccato fuori dal proprio account Instagram aziendale, perdendo migliaia di dollari in potenziali vendite.

Derrick ascoltò attentamente, riconoscendo immediatamente i sintomi. Era esattamente ciò che era successo a lui poche settimane prima. Invece di limitarsi a compatire il cliente, lo guidò passo dopo passo nella configurazione di un password manager, nella creazione di passphrase forti e nell'attivazione della 2FA. Il cliente rimase stupito da quanto fossero semplici le soluzioni – e da quanto poche persone si prendessero davvero il tempo per implementarle.

Quello che era iniziato come un disastro personale stava diventando una risorsa professionale. Derrick iniziò a offrire controlli di sicurezza digitale come servizio per altri clienti. Creò modelli per la creazione di password forti e mini corsi sulla protezione degli account. Il suo errore passato era diventato una parte potente del suo marchio personale – e della sua storia di rinascita.

Guardando indietro, Derrick sapeva che una sola password riutilizzata aveva quasi distrutto tutto. Perse oltre 1.200 dollari in ordini annullati, dovette rimborsare clienti e trascorse due settimane a recuperare gli account. Ma, in un certo senso, fu anche il miglior campanello d'allarme che potesse ricevere.

Oggi Derrick si sente diverso ogni volta che effettua un accesso online. Niente più credenziali riutilizzate. Niente più bersagli facili. La sua attività è sicura, i suoi clienti sono protetti e le sue abitudini sono solide. Sa che la cybersicurezza non riguarda soltanto aziende o governi – inizia da piccole decisioni personali.

E per Derrick, tutto ebbe inizio imparando che una password forte non è soltanto una chiave – è la serratura che protegge tutto il resto.

Capitolo 3: Riconoscere Truffe, Phishing e Attacchi di Ingegneria Sociale

Le minacce informatiche spesso non iniziano con firewall violati o malware altamente sofisticati. Iniziano con l'inganno. Uno degli strumenti più efficaci e pericolosi nell'arsenale di un hacker non è il codice, ma la manipolazione. L'ingegneria sociale è l'arte di convincere qualcuno a fornire informazioni sensibili o concedere accesso a sistemi e account — tutto senza che l'attaccante debba forzare l'ingresso. Questi attacchi sfruttano la natura umana, non le macchine. Si basano su urgenza, paura, fiducia e curiosità per aggirare le tue difese digitali. Infatti, phishing e ingegneria sociale rappresentano la maggior parte delle violazioni riuscite, dimostrando che non solo i sistemi, ma anche la mente umana deve essere protetta.

Il Phishing Spiegato: L'Esca e l'Amo del Mondo Digitale

Il phishing è la forma più comune di ingegneria sociale. Solitamente consiste in email, messaggi di testo o comunicazioni fraudolente che sembrano provenire da una fonte affidabile, come la tua banca, un grande rivenditore online o persino qualcuno della tua lista contatti. Questi messaggi spesso richiedono un'azione immediata: "Clicca qui per verificare il tuo account", "La tua password è stata compromessa — cambiala subito" oppure "Abbiamo rilevato attività insolite sulla tua carta." Possono includere collegamenti a siti web che sembrano identici alla pagina di accesso della tua banca — ma sono falsi. Una volta inserite le credenziali, queste vengono inviate direttamente all'attaccante.

Queste truffe stanno evolvendo rapidamente. Oggi i messaggi di phishing possono includere informazioni personali, loghi aziendali e persino intere conversazioni email. L'obiettivo è creare un falso senso di legittimità. Un solo clic o una sola risposta possono bastare per consegnare il controllo della tua identità digitale. Riconoscere i segnali di allarme — grammatica scadente, link sospetti, allegati inattesi e messaggi che ti spingono ad agire velocemente — rappresenta la tua prima linea di difesa.

Varianti del Phishing: Spear Phishing, Smishing e Vishing

Non tutti gli attacchi di phishing sono generici o inviati in massa. Alcuni sono mirati e personalizzati. Questo tipo di attacco è chiamato spear phishing, dove l'attaccante studia una persona o un'organizzazione specifica e crea messaggi progettati appositamente per loro. Sono più difficili da individuare perché sembrano pertinenti e spesso fanno riferimento a progetti reali, persone o reparti aziendali. Ad esempio, un messaggio potrebbe sembrare provenire dal reparto risorse umane e richiedere l'aggiornamento delle informazioni bancarie per lo stipendio. Una sola mossa sbagliata e il tuo stipendio potrebbe finire nel conto di un hacker.

Altri formati di phishing includono lo smishing (phishing tramite SMS) e il vishing (phishing vocale tramite telefonate). Uno smishing potrebbe fingere di essere un avviso di consegna o un allarme antifrode della banca. Una chiamata di vishing potrebbe presentarsi come assistenza tecnica o come un ente fiscale. Questi metodi sono particolarmente pericolosi perché colgono le persone di sorpresa — sembrano reali e urgenti, e la maggior parte delle vittime non si ferma mai a verificarli.

Comprendere che il phishing oggi si estende a email, telefonate, SMS e persino social media ti aiuta a restare vigile su tutti i fronti.

Le Tattiche di Ingegneria Sociale e Perché Funzionano

Gli attacchi di ingegneria sociale non riguardano soltanto messaggi falsi. Sono psicologici. Gli attaccanti sfruttano emozioni come paura, entusiasmo, autorità o disponibilità ad aiutare. Alcuni fingono di essere colleghi bloccati fuori dal proprio account. Altri si fingono clienti in difficoltà. Alcuni addirittura fingono di essere te.

L'aspetto più pericoloso dell'ingegneria sociale è quanto tutto sembri normale. Potresti ricevere una chiamata da qualcuno che sostiene di appartenere al reparto IT e che chiede le tue credenziali per "aggiornare il sistema." Oppure qualcuno potrebbe inviarti un'email fingendosi il tuo amministratore delegato e chiederti di acquistare carte regalo per una "riunione con un cliente." Questi attacchi hanno successo non perché le persone siano ignoranti, ma perché la richiesta sembra ordinaria.

Ciò che rende l'ingegneria sociale così pericolosa è la sua flessibilità — non dipende da malware o codice avanzato. Dipende dal fatto che tu dica sì, clicchi troppo velocemente o dia per scontata la legittimità senza verificare.

Come Individuare e Rispondere ad Attività Sospette

Difendersi dal phishing e dall'ingegneria sociale inizia con lo scetticismo. Non dare per scontato che ogni email, messaggio o telefonata sia legittima — anche se sembra familiare. Controlla sempre attentamente l'indirizzo del mittente. Passa il cursore sui link per visualizzare l'indirizzo reale di destinazione. Se il dominio sembra sospetto o contiene piccoli errori di scrittura (come "paypa1.com" invece di "paypal.com"), non cliccare. Invece di usare i link presenti nei messaggi, visita il sito digitando direttamente l'indirizzo web nel browser.

Se qualcosa ti sembra strano, fermati. Non agire sotto pressione. Prenditi qualche minuto per verificare. Chiama direttamente il mittente usando un numero conosciuto. Segnala messaggi sospetti al reparto IT, al provider email o alla piattaforma di sicurezza.

I moderni sistemi di posta elettronica filtrano spesso spam e tentativi di phishing, ma nessun filtro è perfetto. Rimani vigile, soprattutto quando il messaggio riguarda denaro, password o richieste urgenti. Se cadi vittima di un attacco, agisci rapidamente: cambia immediatamente le password, avvisa la banca e segnala la violazione a tutte le parti coinvolte.

Costruire il Tuo "Firewall Umano"

Firewall e software antivirus proteggono i tuoi dispositivi – ma la difesa più potente si trova tra le tue orecchie. Tu sei la prima e l'ultima linea di difesa. Il modo migliore per costruire un "firewall umano" è attraverso consapevolezza e abitudini corrette. Pratica uno scetticismo sano, limita la quantità di informazioni personali che condividi online e tratta con cautela i messaggi inaspettati.

I criminali informatici non hanno bisogno di sfondare i tuoi sistemi se riescono a convincerti ad aprire loro la porta. Ma una volta che comprendi come funzionano queste tattiche – e come riconoscerle — il loro potere inizia a svanire. Ricorda: ogni truffa ha una cosa in comune — dipende dal fatto che tu creda sia reale. Quando smetti di abboccare all'esca, gli attaccanti perdono il loro vantaggio.

Questo capitolo ti fornisce la mentalità necessaria per mettere in discussione, verificare e restare sempre un passo avanti. Proseguendo nel libro, costruirai su queste basi imparando a proteggere dispositivi, browser e reti — perché proteggere i tuoi accessi e riconoscere le truffe è soltanto l'inizio di una cybersicurezza intelligente.

Il Messaggio che Ha Cambiato Tutto

Janet era un'assistente esecutiva molto organizzata presso uno studio legale in rapida crescita ad Austin. Aveva un talento naturale nel gestire calendari, pianificare riunioni e mantenere il suo capo sempre sulla giusta strada. La sua casella di posta era costantemente piena di email provenienti da fornitori, avvocati e clienti — e andava orgogliosa della sua capacità di non perdere mai un dettaglio.

Un venerdì mattina ricevette un'email contrassegnata come Urgente. Proveniva da David, il socio amministratore dello studio. O almeno così sembrava.

L'oggetto diceva: "Ho Bisogno di Queste Carte Regalo per una Riunione con un Cliente Oggi." Il messaggio era breve e diretto: "Janet, sono in tribunale tutta la mattina e non posso allontanarmi. Puoi comprare 5 carte regalo Apple (da 200 dollari ciascuna) e inviarmi i codici via email entro le 11? Importante incontro con un cliente oggi — ti rimborserò dopo. Grazie — David."

Janet non ci pensò due volte. Era abituata a gestire richieste dell'ultimo minuto. Prese la borsa e guidò fino al negozio più vicino.

Alle 10:30 aveva acquistato 1.000 dollari di carte regalo con la propria carta di credito e aveva inviato i codici a "David." Pochi minuti dopo ricevette un'altra email: "Perfetto. Un altro favore — puoi prenderne altre cinque?"

Qualcosa in quella seconda richiesta la fece fermare. David era generoso, ma la situazione sembrava eccessiva. Guardò di nuovo attentamente l'indirizzo del mittente e notò qualcosa di strano. L'email non proveniva dall'indirizzo aziendale dello studio. Era un indirizzo Gmail che sembrava il suo nome — ma con una lettera diversa.

Lo stomaco le si chiuse. Aprì una nuova scheda e inviò un'email direttamente al vero indirizzo aziendale di David. Lui rispose in meno di cinque minuti: "Non ho inviato quell'email. Qualcuno si sta fingendo me. Non mandare altro."

Il cuore di Janet sprofondò. Era appena stata truffata.

Chiamò immediatamente la società della carta di credito, ma il danno era già stato fatto. Le carte erano già state utilizzate — svuotate nel giro di pochi minuti dopo l'invio dei codici. I truffatori erano stati velocissimi. Si sentiva male.

Seduta di nuovo alla sua scrivania, ripensò a ogni momento. L'email sembrava autentica. Utilizzava il tono di David, la sua firma e persino il modo in cui si esprimeva quando era di fretta. Non c'erano errori grammaticali evidenti o frasi strane. La pressione, l'urgenza, la fiducia — tutto sembrava reale.

Janet non era ingenua. Sapeva che il cybercrimine esisteva. Ma non avrebbe mai immaginato di poter diventare lei l'anello debole. Non era stata hackerata. Non era stata negligente. Era semplicemente stata ingannata.

Quella notte dormì a malapena.

La settimana successiva, lo studio assunse un consulente di cybersicurezza per formare il personale. Janet si sedette in prima fila, desiderosa di capire come avrebbe potuto evitare ciò che era accaduto.

Il consulente spiegò che quel tipo di truffa si chiamava business email compromise, una forma di ingegneria sociale. Non dipendeva dalla violazione di firewall o dall'installazione di malware. Si basava sul comportamento umano — supposizioni, routine e fiducia mal riposta.

Janet imparò cosa fosse il phishing, dove email false vengono inviate in massa per attirare vittime. Imparò anche il concetto di spear phishing, molto più mirato — proprio come quello che aveva ricevuto lei. L'attaccante aveva chiaramente studiato lo studio legale, utilizzato informazioni pubbliche e imitato veri schemi di comunicazione.

Scoprì anche lo spoofing, dove gli indirizzi email sembrano quasi identici a quelli reali. Il trucco, capì, era nei piccoli dettagli — una lettera mancante, un simbolo aggiuntivo o un dominio leggermente diverso.

Ciò che colpì maggiormente Janet fu quanto la truffa sembrasse normale. Non aveva fatto scattare nessun campanello d'allarme nella sua mente perché non sembrava sospetta. Ed è proprio su questo che fa leva l'ingegneria sociale: fiducia, urgenza e mancanza di verifica.

Il consulente guidò il team attraverso vari metodi per individuare tentativi di phishing. Controllare sempre l'indirizzo completo del mittente. Non cliccare su link sospetti. Non inviare mai carte regalo o pagamenti senza verificare telefonicamente o di persona. Trattare con estrema cautela qualsiasi richiesta urgente che coinvolga denaro o credenziali — soprattutto se aggira le normali procedure aziendali.

Janet provò un misto di vergogna e sollievo. Vergogna per essere caduta nella trappola, ma sollievo perché ora sapeva come riconoscere questi inganni in futuro. Iniziň a condividere la sua storia con altri — colleghi, amici e persino familiari — per evitare che commettessero lo stesso errore.

Mesi dopo, Janet ricevette un'altra email sospetta. Questa volta proveniva da un falso fornitore che sosteneva che una fattura non fosse stata pagata e che fosse necessario cliccare un link per confermare i dettagli. Il tono sembrava strano. Il link era abbreviato. E qualcosa semplicemente non la convinceva.

Non cliccò. Invece chiamò il vero fornitore. "No, non abbiamo inviato nulla del genere," confermarono.

Janet sorrise. Aveva appena fermato un attacco prima ancora che iniziasse.

Da quel momento iniziò a vedere la cybersicurezza non come qualcosa di tecnico, ma come qualcosa di personale. Una mentalità. Un'abitudine. Una competenza che chiunque può sviluppare. Non si sentiva più una vittima — si sentiva una guardiana digitale.

E ogni volta che apriva un'email sospetta o riceveva una richiesta insolita, ricordava a sé stessa: la truffa funziona solo se ci credi. Ora era pronta.

Capitolo 4: Proteggere i Tuoi Dispositivi — Telefoni, Computer e Tablet

Molte persone pensano alla cybersicurezza come a qualcosa di astratto — firewall, antivirus, reti crittografate — ma in realtà tutto inizia dai dispositivi che utilizzi ogni singolo giorno. Il tuo telefono, laptop e tablet sono porte d'accesso alla tua email, ai conti bancari, alle foto, ai file di lavoro e alla tua identità. Se un criminale informatico ottiene accesso al tuo dispositivo, spesso ottiene accesso a tutto il resto. Per questo la sicurezza dei dispositivi rappresenta la base di ogni strategia di cybersicurezza. Che tu stia lavorando da casa, viaggiando o semplicemente navigando online, proteggere i tuoi dispositivi personali è indispensabile. Gli hacker non cercano sempre vulnerabilità nel cloud — spesso cercano semplicemente il modo più facile per entrare nel tuo telefono o computer.

Mantieni Aggiornati Software e Sistema Operativo

Uno dei passaggi più trascurati ma più importanti nella sicurezza dei dispositivi è mantenere il sistema operativo e le applicazioni completamente aggiornati. Che tu utilizzi iOS, Android, Windows o macOS, gli sviluppatori rilasciano regolarmente aggiornamenti per correggere falle di sicurezza. Gli hacker adorano il software obsoleto perché lascia porte aperte nel sistema — spesso sfruttando vulnerabilità già corrette nelle versioni più recenti. Quando ignori le notifiche di aggiornamento o continui a cliccare "ricordamelo più tardi", stai lasciando il dispositivo esposto.

Prendi l'abitudine di aggiornare tutti i tuoi dispositivi ogni settimana. Attiva gli aggiornamenti automatici ovunque possibile, soprattutto per il sistema operativo, il browser e le applicazioni principali come email o archiviazione cloud. Il software aggiornato non migliora soltanto le prestazioni — corregge vulnerabilità che i criminali informatici cercano attivamente di sfruttare.

Rafforza la Schermata di Blocco e le Impostazioni di Accesso

La tua prima linea di difesa è la schermata di blocco. È la porta principale della tua vita digitale. Protezioni deboli rendono facile per chiunque — un ladro, un collega o uno sconosciuto — accedere ai tuoi dati in pochi secondi. Attiva sempre il blocco schermo su tutti i dispositivi e utilizza il metodo più sicuro disponibile. Su telefoni e tablet evita semplici PIN a 4 cifre. Usa un codice lungo, l'impronta digitale o il riconoscimento facciale quando disponibile.

Per laptop e computer desktop, utilizza una password o passphrase forte per l'accesso e attiva la crittografia completa del disco (come BitLocker su Windows o FileVault su macOS). Queste impostazioni impediscono a utenti non autorizzati di accedere ai tuoi file se il dispositivo viene perso o rubato. Configura inoltre il blocco automatico dello schermo dopo alcuni minuti di inattività. Non dovresti mai lasciare un dispositivo accessibile e incustodito — nemmeno per un momento — senza una protezione attiva.

Installa Software di Sicurezza e Attiva i Firewall

Nessun dispositivo dovrebbe funzionare oggi senza una protezione antivirus e firewall adeguata. Anche se i sistemi operativi moderni includono alcune difese integrate, spesso non sono sufficienti. Utilizza un programma antivirus affidabile per rilevare e bloccare malware, ransomware e spyware. Molte soluzioni affidabili includono anche monitoraggio in tempo reale, protezione email e avvisi di navigazione sicura.

Altrettanto importante è il firewall — un guardiano digitale che controlla il traffico in entrata e in uscita. Assicurati che il firewall sia attivato nelle impostazioni del sistema. Questo impedisce ai dati non autorizzati di raggiungere il dispositivo e blocca i programmi dannosi dal comunicare con i server degli hacker.

Anche i dispositivi mobili dovrebbero avere applicazioni anti-malware, soprattutto se installi app al di fuori degli store ufficiali. Se utilizzi Android, presta particolare attenzione ai permessi richiesti dalle app e alla loro provenienza. Non installare mai applicazioni da fonti sconosciute a meno che tu non sia assolutamente certo della loro affidabilità.

Proteggi il Wi-Fi ed Evita le Reti Pubbliche

Il tuo dispositivo è sicuro solo quanto la rete a cui si collega. Le reti Wi-Fi domestiche dovrebbero essere protette con password forti e crittografia WPA3 o WPA2. Cambia la password predefinita del router (quella stampata sulla confezione) e crea una nuova password sicura. Inoltre, rinomina la rete (SSID) con qualcosa di generico – evita nomi che rivelino la tua identità o posizione.

Quando sei fuori casa, il Wi-Fi pubblico può rappresentare un rischio enorme. Bar, aeroporti e hotel offrono spesso reti non protette che possono essere facilmente sfruttate tramite attacchi man-in-the-middle. Se devi utilizzare il Wi-Fi pubblico, evita di accedere a conti bancari o strumenti di lavoro senza protezione. L'opzione più sicura è utilizzare una VPN (Virtual Private Network), che crittografa il traffico internet e nasconde la tua posizione. Le VPN sono strumenti essenziali per proteggere la connessione, soprattutto su dispositivi mobili e laptop.

Esegui Backup Regolari e Preparati alla Perdita o al Furto del Dispositivo

Anche con tutte le misure di sicurezza attive, nessun sistema è invincibile. I dispositivi possono essere persi, rubati o compromessi. Per questo motivo devi creare backup regolari e automatici dei tuoi dati. Utilizza sia backup locali (su disco rigido esterno) sia backup cloud per garantire ridondanza. Servizi come iCloud, Google Drive, OneDrive o Dropbox offrono archiviazione cloud crittografata che esegue automaticamente copie di sicurezza di file, foto e documenti importanti.

Inoltre, configura funzioni di tracciamento remoto e cancellazione del dispositivo. Sia Apple che Android permettono di localizzare un telefono smarrito e cancellarne il contenuto a distanza. Anche Windows e macOS offrono opzioni per bloccare o cancellare dispositivi persi. Questi strumenti rappresentano un'ultima linea di difesa — se il dispositivo finisce nelle mani sbagliate, almeno i tuoi dati resteranno protetti.

In sintesi, proteggere i tuoi dispositivi non significa diventare paranoico — significa essere preparato. Alcuni cambiamenti intelligenti nelle impostazioni e nelle abitudini possono ridurre drasticamente il rischio. Il tuo telefono e il tuo computer custodiscono i dati della tua vita. Proteggili come proteggeresti il portafoglio, la casa o la tua identità — perché, in molti modi, sono la stessa cosa.

Il Laptop Dimenticato

Luis aveva appena terminato una lunga giornata di lavoro in un affollato bar dell'aeroporto. Come grafico freelance, lavorava spesso ovunque riuscisse a trovare una presa elettrica e una buona tazza di caffè. Quel giorno stava aggiornando la presentazione di un cliente mentre aspettava un volo in ritardo per Miami.

Nella fretta di raggiungere il gate, raccolse le cuffie, scollegò il telefono e si mise lo zaino su una spalla. Quello che non si rese conto di aver lasciato indietro — fino a quando non fu seduto al posto 14A — era il laptop.

Scattò in piedi e afferrò il compartimento sopra la testa con il cuore che batteva all'impazzata. Ma era troppo tardi. Le porte erano chiuse. L'aereo stava già indietreggiando. Il suo MacBook — con tre progetti di clienti, foto personali, password salvate e sessioni di accesso ancora aperte — era rimasto su un tavolo del bar accanto a una tazza di caffè mezza vuota.

Per tutto il volo, Luis andò nel panico. Non aveva alcun blocco automatico dello schermo. Il laptop si apriva direttamente sul desktop. Il browser ricordava tutti gli accessi. Le password erano salvate in note adesive sul desktop. Si sentiva sempre più vulnerabile mentre realizzava quanto avesse lasciato tutto scoperto.

Non appena l'aereo atterrò, chiamò immediatamente l'ufficio oggetti smarriti dell'aeroporto. Non avevano visto nulla. Chiamò il bar. Nessuna risposta. Aprì l'app "Dov'è", solo per scoprire che non l'aveva mai attivata su quel Mac. La sua ultima speranza era accedere al backup cloud. Ma anche quello lo tradì — l'ultima volta che aveva eseguito un backup completo era stata mesi prima.

Luis fissò il telefono sentendosi come se qualcuno fosse entrato in casa sua. Solo che questa volta era la sua casa digitale — e lui aveva lasciato la porta spalancata.

Il giorno successivo, uno dei suoi clienti gli inviò un'email chiedendo perché qualcuno proveniente da un indirizzo IP straniero avesse tentato di accedere alla loro cartella condivisa. Un altro cliente disse che il suo account era stato bloccato dopo troppi tentativi di password errati. Il panico si trasformò in senso di colpa.

Luis chiamò un'amica esperta di tecnologia, Brianna, che non addolcì la situazione: "Non hai protetto il tuo dispositivo. Hai praticamente consegnato le chiavi di tutto ciò che possiedi."

Insieme cambiarono tutte le password che riusciva a ricordare. Revocarono i token di accesso al cloud storage, attivarono l'autenticazione a due fattori dove possibile e avvisarono i clienti. Ma il danno era già iniziato. Perse un cliente. La sua credibilità subì un duro colpo. E la fiducia nelle proprie abitudini fu completamente distrutta.

Determinato a non sentirsi mai più così impotente, Luis ricominciò da zero. Comprò un nuovo laptop e lo configurò come una fortezza. Attivò la crittografia completa del disco, creò una lunga passphrase di accesso e impostò il blocco automatico dello schermo dopo cinque minuti di inattività. Installò un antivirus e attivò il firewall.

Configurò backup cloud giornalieri e testò il ripristino dei file per assicurarsi che funzionassero davvero. Si iscrisse anche a un password manager ed eliminò definitivamente i post-it con password sparse ovunque. I giorni della comodità casuale erano finiti. Ora si trattava di controllo.

Ma il cambiamento più grande avvenne nella sua mentalità. Non considerava più le impostazioni di sicurezza come qualcosa di opzionale o fastidioso. Le vedeva come essenziali — come indossare la cintura di sicurezza o chiudere la porta di casa.

Luis iniziò a condividere la sua storia nei gruppi online per freelance. Con sua sorpresa, decine di persone ammisero di non utilizzare nemmeno il blocco schermo o i backup dei dati. Alcuni non avevano mai sentito parlare della crittografia completa del disco. Altri avevano subito perdite simili ma non ne avevano mai parlato pubblicamente.

Scrisse un articolo intitolato "Ho Perso il Mio Laptop — e Quasi Anche la Mia Attività", che diventò virale nelle comunità di nomadi digitali. I lettori apprezzarono la sua onestà e la checklist che aveva incluso alla fine: come proteggere i dispositivi, creare backup adeguati e mettere al sicuro i file dei clienti.

Luis trasformò il suo errore in una missione. Iniziň persino a offrire una "revisione della sicurezza dei dispositivi" come servizio aggiuntivo per clienti nel settore tecnologico e del design — non perché fosse un esperto di cybersicurezza, ma perché aveva vissuto personalmente cosa accade quando la si ignora.

Mesi dopo, Luis era seduto in un altro aeroporto, laptop

aperto, mentre terminava un progetto con tranquillità. Il suo computer era bloccato, crittografato e sottoposto a backup. Il browser non effettuava accessi automatici. La VPN era attiva. Se fosse successo qualcosa — se avesse perso il dispositivo o qualcuno avesse tentato di accedervi — sapeva di avere più livelli di protezione.

Sorrise tra sé e sé, non perché fosse senza paura, ma perché era preparato.

Luis aveva imparato una dura verità: la cybersicurezza non inizia con strumenti complicati o software costosi. Inizia dalle abitudini quotidiane. Il tuo telefono, il tuo laptop — trasportano tutta la tua vita. Proteggerli non è soltanto intelligente. È sopravvivenza nell'era digitale.

E ora, Luis non lo avrebbe mai più dimenticato.

Capitolo 5: Navigazione Sicura in Internet e Protezione della Tua Attività Online

Navigare su internet è diventato qualcosa di naturale – quasi come respirare nel mondo digitale. Ma ogni volta che vai online, entri in uno spazio pieno sia di opportunità incredibili sia di pericoli nascosti. Hacker, inserzionisti, truffatori e broker di dati competono costantemente per raccogliere le tue informazioni, monitorare il tuo comportamento o convincerti a cliccare qualcosa di dannoso. L'idea che "finché non visito siti pericolosi, sono al sicuro" è ormai pericolosamente superata. Le minacce informatiche sono presenti persino in piattaforme apparentemente affidabili, pubblicità, download e risultati di ricerca. Per questo sviluppare abitudini di navigazione sicure è fondamentale – non solo per professionisti della tecnologia, ma per chiunque utilizzi internet ogni giorno.

Scegli Browser Sicuri e Attenti alla Privacy

Il browser è la tua principale finestra su internet, e alcuni sono più sicuri di altri. Sebbene Chrome, Safari, Firefox ed Edge siano tutti popolari, differiscono nel modo in cui gestiscono privacy e sicurezza. Firefox e Brave, ad esempio, offrono protezione integrata contro il tracciamento e funzionalità di privacy più avanzate rispetto a Chrome, che è profondamente collegato ai sistemi di raccolta dati di Google. Scegliere un browser che dà priorità alla sicurezza ti offre un vantaggio immediato.

Qualunque browser tu utilizzi, assicurati sempre di mantenerlo aggiornato. Le nuove versioni correggono vulnerabilità note che i criminali informatici sfruttano frequentemente. Evita browser obsoleti o versioni non più supportate e disattiva o rimuovi plugin ed estensioni non necessari. Alcune estensioni — persino quelle presenti negli store ufficiali — possono contenere codice dannoso che monitora la tua attività o inserisce script pericolosi nei siti che visiti.

Riconoscere Siti Dannosi e Link Pericolosi

Uno dei metodi di attacco informatico più efficaci consiste nel convincere gli utenti a visitare siti web falsi o pericolosi. Questi siti possono sembrare identici a quelli reali — come la tua banca, il tuo provider email o un famoso negozio online — ma sono progettati per rubare credenziali o installare malware. Controlla sempre attentamente l'indirizzo web prima di inserire informazioni sensibili. Un sito sicuro dovrebbe iniziare con "https://" e mostrare un'icona a forma di lucchetto nella barra degli indirizzi. Tuttavia, anche questi indicatori non sono infallibili.

Evita di cliccare su pop-up sospetti, falsi pulsanti "Download" o banner pubblicitari che promettono premi gratuiti. Utilizza impostazioni del browser o estensioni per bloccare pop-up e reindirizzamenti verso domini non sicuri. Se ricevi un link tramite email o messaggio, non cliccarlo automaticamente. Passa il cursore sopra il link per vedere la vera destinazione e, in caso di dubbio, visita il sito manualmente digitando l'indirizzo nel browser.

Wi-Fi Pubblico e l'Importanza delle VPN

Molte persone accedono a internet tramite reti Wi-Fi pubbliche in bar, aeroporti o hotel senza rendersi conto di mettere a rischio l'intera sessione online. Le reti pubbliche sono notoriamente facili da sfruttare per gli hacker, che possono intercettare traffico, rubare credenziali di accesso o installare malware tramite connessioni non protette.

Il modo migliore per proteggerti è utilizzare una VPN (Virtual Private Network). Una VPN crittografa il traffico internet e lo instrada attraverso un server sicuro, rendendolo illeggibile a chiunque si trovi sulla stessa rete — inclusi eventuali attaccanti. Che tu stia facendo acquisti online, controllando il conto bancario o leggendo notizie, una VPN è uno strumento fondamentale quando sei fuori dalla tua rete domestica. Scegli un provider VPN affidabile a pagamento, poiché molte versioni gratuite compromettono la privacy registrando la tua attività o mostrando pubblicità invasive.

Proteggi i Tuoi Account Online con una Buona Igiene del Browser

Oltre a evitare siti pericolosi, le tue abitudini di navigazione svolgono un ruolo enorme nella sicurezza online. Evita di permettere al browser di ricordare le password, soprattutto su dispositivi condivisi o pubblici. Usa invece un password manager. Cancella regolarmente cookie e cache per rimuovere dati di sessione memorizzati che potrebbero essere utilizzati da hacker o sistemi di tracciamento. Disconnettiti dagli account sensibili quando hai finito e chiudi le schede del browser che non utilizzi più.

Presta attenzione anche ai permessi del browser. Alcuni siti chiedono accesso alla posizione, alla fotocamera o al microfono senza reale necessità. Nega questi permessi salvo quando sono assolutamente indispensabili e controlla periodicamente le autorizzazioni nelle impostazioni del browser. Limita ciò che permetti al browser di salvare ed evita di sincronizzare password tra dispositivi senza crittografia.

Costruire un'Abitudine di Navigazione Intelligente e Orientata alla Sicurezza

Navigare in sicurezza non significa vivere nella paura – significa essere intelligenti. Imposta come motore di ricerca predefinito un'opzione più attenta alla privacy come DuckDuckGo. Disattiva le funzioni di compilazione automatica che memorizzano carte di credito e dati personali. Utilizza estensioni del browser che bloccano pubblicità, tracker e script dannosi, come uBlock Origin o Privacy Badger.

Ogni interazione online rappresenta un'opportunità per gli attaccanti di sfruttare la tua fiducia o la tua attenzione. Rallentando e prestando attenzione a dove vai e a cosa clicchi, puoi ridurre drasticamente l'esposizione alle minacce. Trasforma la sicurezza in parte della tua routine di navigazione: mantieni il software aggiornato, usa una VPN in pubblico, controlla attentamente gli URL e tratta il browser come un passaporto digitale – prezioso, privato e degno di protezione.

Internet non sparirà – e nemmeno i rischi. Ma con abitudini più sicure, strumenti più intelligenti e una mentalità proattiva, puoi navigare con fiducia, privacy e tranquillità.

La Pubblicità Che Non Lo Era

Naomi era in pausa pranzo al lavoro, scorrendo il suo blog di moda preferito, quando vide un banner che attirò immediatamente la sua attenzione: "OFFERTA A TEMPO LIMITATO – Borse Firmate a 49 Dollari!" La pubblicità sembrava professionale, mostrava il logo di un marchio famoso e includeva persino un conto alla rovescia che la spingeva ad agire rapidamente.

Curiosa ed entusiasta, cliccò sul link.

La pagina che si aprì sembrava quasi identica al sito ufficiale del marchio — stessi caratteri, stessi colori e persino recensioni dei clienti. Naomi navigò per qualche minuto, trovò una borsa che adorava e inserì i dati della carta di credito, desiderosa di approfittare dell'offerta prima della scadenza.

Più tardi quella sera, qualcosa le sembrò strano. Non aveva ricevuto alcuna email di conferma. Quando provò a visitare nuovamente il sito, questo era sparito. Le si gelò il sangue.

La mattina seguente, la banca la chiamò per segnalare attività insolite sulla sua carta – qualcuno aveva tentato di effettuare diversi acquisti all'estero. Naomi annullò immediatamente la carta, ma il danno era già stato fatto. Il sito fraudolento che aveva visitato non era soltanto una truffa – era un sito di phishing costruito per raccogliere dati di pagamento e sparire senza lasciare traccia.

Vergognandosi e frustrata, Naomi iniziò a cercare online termini a cui non aveva mai prestato attenzione prima: phishing, siti falsificati, pubblicità fraudolente. Scoprì che ogni giorno vengono creati migliaia di siti fraudolenti, spesso utilizzando marchi realistici e recensioni false per ingannare gli utenti. Non hanno bisogno di hackerare il tuo sistema – basta che tu ti fidi di loro.

L'ironia la colpì duramente: si era sempre considerata prudente. Ma l'urgenza e l'apparente legittimità della pubblicità avevano annullato il suo istinto.

Naomi chiamò suo fratello Alex, analista di cybersicurezza. Lui non si sorprese. "Questo si chiama malvertising," spiegò. "Le pubblicità dannose riescono a superare i filtri, soprattutto su siti di terze parti. Basta un solo clic."

Le chiese quale browser utilizzasse. "Chrome," rispose lei. "Ma non credo sia aggiornato." Alex sospirò e iniziò a guidarla attraverso un controllo di sicurezza online di base.

Insieme modificarono le impostazioni del browser. Installarono un'estensione sicura per bloccare pop-up e script dannosi. Aggiunsero un motore di ricerca orientato alla privacy. Alex le mostrò come digitare manualmente gli indirizzi web invece di cliccare sulle pubblicità e come verificare la sicurezza di un sito controllando HTTPS e l'ortografia del dominio.

"Non hai fatto nulla di stupido," la rassicurò. "Semplicemente non conoscevi le regole. La maggior parte delle persone non le conosce."

Naomi iniziò a prendere sul serio la sicurezza online. Cominciò a notare piccoli dettagli: l'aspetto di un URL, il modo in cui certi link reindirizzavano troppo rapidamente o quando un'offerta sembrava troppo bella per essere vera. Smise completamente di cliccare su pubblicità casuali e aggiunse ai preferiti i siti ufficiali dei suoi negozi preferiti.

Installò anche una VPN da utilizzare nei bar e negli aeroporti, imparando che il Wi-Fi pubblico può essere un vero paradiso per i curiosi digitali. Con l'aiuto di Alex, creò un profilo browser separato per il lavoro e uno per la navigazione personale. Cancellava i cookie ogni settimana, disattivò il riempimento automatico per i campi sensibili e smise di salvare i dati della carta di credito nel browser.

Più imparava, più si sentiva sicura — e più rimaneva sorpresa da quanti comportamenti rischiosi un tempo le sembrassero assolutamente normali.

Un giorno, un collega la fermò nella sala pausa. "Ehi Naomi – tu sei brava con queste cose online, vero?" Le spiegò che il suo account Instagram era stato bloccato dopo aver cliccato un link che prometteva un paio di scarpe gratuite. Naomi annuì. Aveva già visto situazioni simili. "Probabilmente è phishing," disse. "Dovresti cambiare subito la password e attivare l'autenticazione a due fattori."

Si sedette con lui e lo aiutò passo dopo passo. Alla fine della conversazione, il collega la ringraziò. "Onestamente, non pensavo che queste cose fossero reali. Credevo succedessero solo alle persone anziane o a chi non è esperto di tecnologia."

Naomi sorrise. "Succede a tutti. L'unica differenza è se impari dalla situazione oppure no."

Qualche settimana dopo, Naomi stava cercando online un regalo di compleanno quando vide un'altra pubblicità appariscente di prodotti elettronici che sembrava... strana. Il prezzo era troppo basso. Il nome del dominio era una combinazione bizzarra di lettere. Il mouse rimase sospeso sopra il link, poi si fermò. Chiuse la scheda e cercò direttamente il prodotto sul sito di un rivenditore affidabile.

Sembrò una piccola vittoria – non solo evitare una truffa, ma riconoscerla prima ancora che potesse iniziare.

Da quel giorno, Naomi non navigò mai più nello stesso modo. Capì che internet non è automaticamente sicuro — e che la sicurezza non riguarda soltanto la protezione del dispositivo, ma anche delle proprie decisioni. Ogni clic è una scelta. E ora, lei sceglieva con saggezza.

Capitolo 6: Proteggere i Tuoi Dati Personali e la Tua Privacy Online

Ogni volta che navighi su internet, pubblichi sui social media, fai acquisti online o utilizzi un'applicazione, stai condividendo dati — a volte volontariamente, e spesso senza rendertene conto. Il tuo nome, indirizzo email, numero di telefono, posizione, tipo di dispositivo e abitudini di navigazione vengono costantemente tracciati e registrati da siti web, piattaforme, inserzionisti e talvolta persino da soggetti malintenzionati. Questa raccolta di informazioni è conosciuta come impronta digitale, e ti segue ovunque sul web. Quello che sembra un comportamento innocuo — mettere "mi piace" a un post, usare l'app di un negozio o iscriversi a una prova gratuita — crea gradualmente un profilo estremamente dettagliato su di te. Comprendere questo è il primo passo per riprendere il controllo della tua privacy online.

Limita i Dati che Condividi

Uno dei modi più semplici per proteggere i tuoi dati è condividerne meno. Questo significa riflettere due volte prima di compilare moduli online, iscriversi a newsletter o permettere alle app di accedere ai tuoi contatti, alla fotocamera o alla posizione. Chiediti sempre: hanno davvero bisogno di queste informazioni? Molti siti web e servizi richiedono molto più del necessario.

Inizia riducendo al minimo le informazioni personali che pubblichi sui social media. Evita di condividere la tua data di nascita, l'indirizzo completo di casa o i tuoi piani di viaggio in tempo reale. Non condividere eccessivamente informazioni in quiz "divertenti" o sondaggi virali — molti sono strumenti di phishing mascherati progettati per raccogliere dettagli utili a rispondere alle domande di sicurezza o creare truffe mirate. Quando crei account online, utilizza pseudonimi o iniziali quando possibile e usa alias email (o email temporanee) per registrazioni non essenziali.

Gestisci i Permessi delle App e le Impostazioni di Privacy dei Dispositivi

I tuoi dispositivi sono pieni di applicazioni che richiedono costantemente accesso a informazioni personali. Sul telefono, entra nelle impostazioni e controlla quali app hanno accesso al microfono, alla fotocamera, al GPS, ai contatti e alla memoria. Disattiva i permessi che non sono assolutamente necessari al funzionamento dell'app. Un'app torcia non ha bisogno del GPS. Una calcolatrice non ha bisogno della tua lista contatti.

Sia su Android che su iOS, puoi scegliere di permettere alle app di accedere alla posizione solo durante l'utilizzo o mai. Approfittane. Disattiva anche il tracciamento pubblicitario quando possibile nelle impostazioni del dispositivo. Queste opzioni limitano quanto gli inserzionisti possono monitorarti attraverso app e siti web. Non ti renderanno invisibile, ma ridurranno significativamente la quantità di dati raccolti in background.

Usa Strumenti e Browser Attenti alla Privacy

Gli strumenti che utilizzi fanno la differenza. Passare a browser orientati alla privacy come Brave, Firefox o Tor aiuta a ridurre il tracciamento durante la navigazione. Questi browser bloccano automaticamente cookie, script e pubblicità che monitorano la tua attività. Imposta il motore di ricerca su DuckDuckGo o Startpage, che non registrano le tue ricerche o il tuo comportamento.

Installa strumenti per la privacy come uBlock Origin (per bloccare le pubblicità), Privacy Badger (per rilevare tracker invisibili) e HTTPS Everywhere (per forzare connessioni sicure). Queste estensioni del browser lavorano in background per ridurre il tracciamento e bloccare elementi non sicuri prima che vengano caricati.

Considera inoltre l'utilizzo di strumenti di mascheramento email come Firefox Relay, "Nascondi la Mia Email" di Apple o servizi come SimpleLogin. Questi strumenti creano indirizzi email alias che inoltrano i messaggi alla tua vera casella di posta, permettendoti di registrarti ai servizi senza esporre il tuo indirizzo reale.

Comprendi Cosa Sanno di Te i Broker di Dati

I broker di dati sono aziende che acquistano, aggregano e vendono le tue informazioni personali — inclusi età, indirizzo, reddito, abitudini di acquisto e persino opinioni politiche. Raccolgono questi dati da registri pubblici, sondaggi, acquisti online, comportamenti sui social media e utilizzo delle applicazioni. Queste informazioni vengono poi vendute a inserzionisti, compagnie assicurative, datori di lavoro e talvolta persino truffatori.

Puoi richiedere la rimozione dei tuoi dati da molti broker, anche se il processo può essere lungo e noioso. Servizi come DeleteMe, Incogni o Privacy Bee aiutano ad automatizzare la rimozione delle informazioni da centinaia di siti di brokeraggio dati. Vale la pena farlo — soprattutto se hai ricevuto chiamate spam, truffe mirate o monitoraggio indesiderato.

Ricorda: più dati vengono archiviati in un unico posto, più diventano attraenti per gli hacker. Le violazioni dei dati avvengono regolarmente e, quando le tue informazioni circolano ovunque, il rischio aumenta. Limitare la tua esposizione riduce la tua vulnerabilità.

Costruisci un'Abitudine di Privacy a Lungo Termine

La privacy non è una soluzione una tantum — è una mentalità continua. Prendi l'abitudine di controllare le impostazioni di privacy dei social media ogni pochi mesi. Verifica i permessi delle app. Elimina vecchi account che non utilizzi più cercando nella tua email frasi come "benvenuto" o "account creato." Usa un password manager per generare password forti e uniche per ogni account. E attiva l'autenticazione a due fattori per tutti i servizi importanti.

La privacy è una forma di autodifesa digitale. Ti dà controllo su ciò che gli altri sanno, vedono e fanno con le tue informazioni. Sebbene sia quasi impossibile cancellare completamente la propria impronta digitale, puoi ridurne drasticamente dimensione, visibilità e valore per i criminali informatici.

In un'epoca in cui le aziende guadagnano dai tuoi dati personali, scegliere la privacy è un atto di consapevolezza e potere. Non hai bisogno di sparire dalla rete — devi semplicemente imparare a muoverti nel mondo digitale con gli occhi aperti, le impostazioni protette e la tua vita personale al sicuro.

Tracciata, Etichettata e Troppo Esposta

Lena era un'insegnante, artista e viaggiatrice del fine settimana. Amava condividere la sua vita sui social media — soprattutto le sue fughe improvvisate. Il suo Instagram era un diario visivo di tramonti, caffè ghiacciati, selfie nei musei e poesie scritte a mano. Aveva poco più di 8.000 follower, la maggior parte sconosciuti, ma non ci pensava troppo. "Non sono famosa," rideva. "Chi vorrebbe le mie informazioni?"

Un sabato pubblicò una storia da un hotel boutique a due ore dalla città. Taggò la posizione, mostrò accidentalmente il numero della stanza in una foto riflessa nello specchio e lasciò nel profilo la sua solita risposta automatica "Fuori Ufficio."

La domenica sera tornò a casa e trovò la porta dell'appartamento leggermente aperta. Si immobilizzò. Dentro, i cassetti erano stati svuotati. Il laptop era sparito. Anche i gioielli. La polizia confermò: era stato un furto mirato.

La parte più inquietante? Non c'erano segni di effrazione. Chiunque fosse stato sapeva che lei non era in casa. E sapeva anche dove trovarla.

Quella notte Lena non dormì. Scorrendo il proprio profilo social, improvvisamente capì — aveva consegnato lei stessa la mappa. I suoi post mostravano che era fuori città. Il profilo indicava persino il quartiere in cui viveva. La foto allo specchio rifletteva la carta magnetica della stanza. La risposta automatica della sua email confermava che non sarebbe tornata fino a lunedì.

Pensò a ogni modulo online compilato, ogni quiz fatto su Facebook, ogni foto geolocalizzata. All'improvviso le sembrò che l'intera sua vita fosse disponibile a chiunque volesse curiosare — o peggio, approfittarne.

La mattina seguente eliminò metà delle storie Instagram, rese il profilo privato e rimosse i dettagli dalla biografia. Ma il danno era già fatto.

Il suo amico Malik, blogger di cybersicurezza, sentì parlare del furto e la chiamò immediatamente. "Non si tratta solo di sicurezza fisica," disse. "Hai un'impronta digitale enorme. E scommetto che non hai mai fatto pulizia."

Le mostrò un esercizio impressionante: una ricerca inversa utilizzando il suo indirizzo email. Apparvero decine di vecchi account. Un'app fitness, un sito di coupon, una newsletter astrologica. Non usava la maggior parte di quei servizi da anni.

Alcuni mostravano ancora pubblicamente il suo nome completo e indirizzo di casa.

Cercarono il suo nome sui siti dei broker di dati. In pochi minuti trovarono indirizzo, età, stima dello stipendio e persino un elenco dei suoi parenti.

Lena si sentì violata. "Come è possibile che tutto questo sia online?" chiese.

"Lo è sempre stato," rispose Malik. "Ma ora sai dove guardare — e cosa correggere."

I giorni successivi furono un vortice di eliminazione account, cancellazioni da newsletter e modifiche alle impostazioni di privacy. Malik le mostrò come utilizzare sistemi di mascheramento email per evitare di fornire il vero indirizzo durante le registrazioni. Utilizzarono Firefox Relay e "Nascondi la Mia Email" di Apple per separare la sua vera identità dagli account casuali.

Ripulì anche il telefono — eliminando oltre 40 app inutilizzate da più di un anno. Rimase scioccata nello scoprire quante avessero ancora accesso in background alla posizione e al microfono. Modificò i permessi, disattivò il tracciamento pubblicitario e attivò finalmente l'autenticazione a due fattori per banca, email e archivio fotografico.

Lena installò anche una VPN per navigare in pubblico e aggiunse un'estensione browser che bloccava i tracker. Per la prima volta dopo anni, la sua esperienza online sembrava tranquilla — niente pubblicità personalizzate che la seguivano ovunque, nessun retargeting continuo e nessun pop-up insistente che chiedeva più informazioni.

Quello che era iniziato come paura si trasformò lentamente in consapevolezza e potere. Lena iniziò a insegnare ai suoi studenti il valore della privacy online. Non da una prospettiva paranoica — ma da una prospettiva di protezione. Spiegava come costruire un'identità digitale sana, riconoscere l'eccessiva condivisione e trasformare la privacy in un'abitudine.

Scrisse anche un articolo sul suo blog intitolato "Ho Tracciato Me Stessa Online — e Dovresti Farlo Anche Tu." Migliaia di persone si riconobbero nella sua esperienza. Alcuni le scrissero dicendo di non aver mai realizzato quanti dati avessero esposto online. Altri raccontarono esperienze simili.

Il furto le era costato migliaia di euro in oggetti persi e tranquillità mentale — ma l'aveva anche risvegliata a qualcosa di ancora più importante: la sua vita digitale aveva bisogno di confini tanto quanto quella fisica.

Mesi dopo, Lena continuava a condividere tramonti e poesie — ma senza posizioni geografiche, senza orari precisi e senza indizi su dove si trovasse o cosa stesse facendo in tempo reale. I suoi account erano privati. Il browser era crittografato. E il telefono concedeva permessi solo quando assolutamente necessari.

Non sparì da internet. Semplicemente diventò più intelligente nel modo in cui si mostrava online.

E ora, ogni volta che pensava di pubblicare qualcosa di personale, si fermava e si poneva una semplice domanda:

"Consegnerei queste informazioni a uno sconosciuto in un parcheggio?"

Se la risposta era no, non pubblicava nulla.

Questa era la nuova regola di Lena — e cambiò tutto.

Capitolo 7: Proteggere i Tuoi Account Email, di Messaggistica e Social Media

La tua email, le app di messaggistica e gli account social media sono molto più che semplici strumenti di comunicazione – sono risorse digitali di altissimo valore. Queste piattaforme contengono conversazioni, file privati, contatti, cronologia e dati personali. Ancora più importante, fungono da porta d'accesso ad altri servizi. Se qualcuno ottiene accesso alla tua email, ad esempio, spesso può reimpostare password, aggirare domande di sicurezza e rubare la tua identità su più piattaforme. Ecco perché questi account sono frequentemente presi di mira dagli hacker. Proteggerli non significa soltanto proteggere i messaggi – significa proteggere l'intera tua vita digitale.

Email: La Chiave Maestra Digitale

Inizia dal tuo account email, soprattutto se lo utilizzi per registrarti a servizi bancari, acquisti online o archiviazione cloud. Usa una passphrase forte e unica per l'accesso all'email e non riutilizzare mai quella password altrove. Attiva immediatamente l'autenticazione a due fattori (2FA) – preferibilmente con un'app di autenticazione come Google

Authenticator o Authy, invece degli SMS, che possono essere compromessi tramite SIM swapping.

Controlla regolarmente le impostazioni di sicurezza dell'email e la cronologia degli accessi per rilevare eventuali intrusioni non autorizzate. Configura avvisi di inoltro automatico — gli attaccanti a volte inoltrano segretamente copie delle email ricevute verso i propri account. Evita inoltre di collegare i metodi di recupero (telefono o email secondaria) a servizi poco sicuri o obsoleti. Il metodo di recupero deve essere protetto tanto quanto l'account email principale.

Proteggi le Tue App di Messaggistica: WhatsApp, Signal, iMessage e Telegram

Le moderne app di messaggistica offrono crittografia end-to-end, ma gli utenti spesso dimenticano che l'accesso agli account può comunque essere vulnerabile. WhatsApp e Signal, ad esempio, sono collegati al numero di telefono. Se qualcuno clona la tua SIM o ottiene accesso al backup, può leggere i tuoi messaggi o impersonarti.

Attiva tutte le impostazioni di sicurezza disponibili nelle app di messaggistica. Su WhatsApp, abilita la verifica in due passaggi, che aggiunge un PIN richiesto quando il numero viene registrato su un nuovo dispositivo. Su Signal e Telegram, configura il blocco di registrazione e il blocco schermo. Su iMessage, assicurati che iCloud abbia l'autenticazione a due fattori attiva e disattiva il login automatico sui dispositivi Apple che non utilizzi.

Per conversazioni sensibili, considera l'utilizzo di app come Signal o Session, che non memorizzano metadati e non richiedono il numero di telefono.

Account Social Media: Limita, Blocca e Monitora

Gli account social media sono obiettivi privilegiati per impersonificazione, molestie, raccolta di dati e furto del marchio personale. Inizia controllando tutte le impostazioni di privacy. Rendi il tuo account privato oppure limita chi può vedere i post, inviarti messaggi, taggarti o visualizzare la lista amici. Evita di utilizzare la data di nascita completa, il luogo di nascita o altre informazioni personali identificabili nella biografia.

Attiva la 2FA ovunque possibile e imposta notifiche per attività di accesso sospette. Facebook, Instagram, Twitter (X), LinkedIn e TikTok dispongono tutti di pannelli di sicurezza che mostrano dove l'account è connesso e permettono di disconnettere dispositivi da remoto.

Fai attenzione alle applicazioni di terze parti collegate ai tuoi account social — spesso richiedono permessi eccessivi e possono diventare rischi di sicurezza. Revoca l'accesso alle app che non utilizzi più. Evita di cliccare su link strani inviati tramite messaggi diretti o spam nei commenti, soprattutto se promettono premi, prodotti gratuiti o "verifiche" del profilo.

Strategie di Backup e Recupero

Anche con una sicurezza forte, nessun account è invincibile. Per questo avere strategie di recupero è fondamentale. Per email e piattaforme social, aggiorna regolarmente email e numeri di telefono di recupero. Conserva i codici di backup (forniti durante la configurazione della 2FA) in un password manager sicuro o in una posizione offline protetta.

Per le app di messaggistica, esporta regolarmente backup importanti delle conversazioni — ma crittografali se li archivi nel cloud. Assicurati inoltre che i backup cloud non vengano ripristinati automaticamente su nuovi dispositivi senza un passaggio di autenticazione.

Sui social media, considera di scaricare periodicamente una copia dei dati dell'account. Se dovessi perdere accesso o venire bloccato, avrai una cronologia utilizzabile durante il recupero. Alcune piattaforme, come Instagram e Facebook, permettono ora di designare contatti fidati che possono aiutarti nel recupero dell'account.

Costruisci Abitudini di Comunicazione Intelligenti

Gli strumenti di sicurezza sono importanti, ma le abitudini lo sono altrettanto. Non cliccare su link o allegati presenti in messaggi non richiesti — anche se provengono da contatti conosciuti (potrebbero essere stati hackerati). Evita di usare le app di messaggistica come archivio di file. Non inviare documenti sensibili o password tramite piattaforme non sicure. Non condividere pubblicamente dettagli personali nei post social, come piani di viaggio, nomi completi dei familiari o processi interni del luogo di lavoro.

Mantieni le applicazioni aggiornate. La maggior parte delle patch di sicurezza viene distribuita tramite aggiornamenti delle app, e le versioni obsolete possono contenere vulnerabilità non corrette. Usa password manager per creare password forti e uniche per ogni piattaforma — e non condividerle mai tramite chat.

In definitiva, le tue piattaforme di comunicazione rappresentano la tua voce e identità digitale. Se qualcun altro ottiene accesso, può manipolare il modo in cui appari, ciò che dici e con chi interagisci. Proteggere queste piattaforme non riguarda soltanto la privacy — riguarda il mantenimento della fiducia in ogni messaggio, post e conversazione.

Il Messaggio Che Non Ero Io

Travis era un allenatore di liceo, podcaster part-time e gestore non ufficiale dei social media del dipartimento atletico della sua scuola. Era sempre online — rispondeva alle email, inviava messaggi ai genitori degli atleti e pubblicava highlights delle partite su Instagram.

Un sabato mattina, mentre controllava la posta elettronica, notò qualcosa di strano: decine di email di ritorno provenienti da indirizzi che non riconosceva. Alcuni erano internazionali. Altri sembravano bloccati dai filtri antispam. Confuso, aggiornò nuovamente la casella di posta. In quel momento il telefono vibrò. Un collega gli scrisse: "Ehi, volevi davvero inviarmi quel link strano su Facebook Messenger?"

Lui non aveva inviato nulla.

Aprì Messenger e vide messaggi che non aveva scritto — inviati non solo ai suoi contatti, ma anche a persone che conosceva appena. I messaggi erano brevi e sospetti: "Guarda questo video di te" seguito da un link dall'aspetto pericoloso.

Gli si gelò lo stomaco. I suoi account erano stati compromessi — e non aveva idea di quanto fosse grave la situazione.

Travis trascorse le tre ore successive cambiando freneticamente password. Ma era troppo tardi. Il suo account Facebook era già stato segnalato per spam. I post Instagram erano spariti. E, peggio ancora, la sua email principale era stata utilizzata per tentare di reimpostare l'accesso alla banca.

"Pensavo di essere prudente," disse ad alta voce fissando lo schermo. Ma non aveva mai attivato l'autenticazione a due fattori. La password dell'email — utilizzata anche su altre piattaforme — era stata esposta in una vecchia violazione dei dati di un'app di nutrizione che aveva quasi dimenticato di aver usato.

E una volta ottenuto accesso alla sua email, gli attaccanti l'avevano usata per entrare nei social media, reimpostare gli accessi e inviare messaggi che sembravano provenire da lui.

Ora la sua reputazione era in gioco. Chiamò il suo amico Daryl, consulente di cybersicurezza. Daryl non lo giudicò. "Succede molto più spesso di quanto pensi," disse. "Non sei stato solo hackerato. Sei stato impersonato. Ed è ancora peggio."

Si misero subito al lavoro.

Per prima cosa, Daryl lo aiutò a proteggere l'email con una nuova passphrase e attivò la 2FA tramite app di autenticazione — non tramite SMS. Controllarono accessi non autorizzati e disattivarono tutte le regole di inoltro automatico che l'hacker aveva creato per intercettare i nuovi messaggi.

Successivamente affrontarono Facebook e Instagram. Daryl lo guidò nella richiesta di recupero identità e nella verifica dell'email di backup. Fortunatamente, Travis aveva abbastanza contenuti e documenti per riottenere accesso ai profili.

Poi esaminarono tutte le app collegate e revocarono l'accesso a qualsiasi servizio sconosciuto — incluso un vecchio sito di quiz di tre anni prima che aveva ancora il permesso di pubblicare a suo nome.

Daryl si concentrò poi sulle app di messaggistica. WhatsApp, Signal e Telegram erano tutti collegati al numero di telefono di Travis. Aggiornarono le impostazioni di sicurezza, attivarono i blocchi di registrazione e salvarono manualmente i backup delle conversazioni. Travis rimase scioccato nello scoprire quanto fosse facile per qualcuno impossessarsi di un'app di messaggistica con un semplice codice e accesso all'email.

Scaricarono e configurarono anche un password manager. Finalmente Travis poteva generare password forti e uniche per ogni account. Niente più riutilizzo della stessa combinazione usata dai tempi del liceo.

L'ultimo passo fu la consapevolezza. Analizzarono messaggi di phishing, pagine di login false e link sospetti. Travis si rese conto di quanto facilmente un singolo clic avesse innescato tutto quel caos.

Aveva cliccato su una falsa email di "login Facebook" dopo una lunga notte passata a modificare video sportivi. Pensava fosse autentica. Gli hacker pensavano che lui fosse un bersaglio facile.

Passarono settimane. Travis ricostruì la sua presenza online. Pubblicò un breve messaggio spiegando cosa era successo — non per giustificarsi, ma per avvisare gli altri. Decine di follower lo ringraziarono. Alcuni ammisero di aver cliccato sullo stesso messaggio e di aver cambiato le password appena in tempo.

Organizzò anche un breve workshop per studenti e colleghi allenatori, guidandoli attraverso le impostazioni di sicurezza degli account. Molti non avevano mai sentito parlare della 2FA. Altri utilizzavano ancora password deboli — o addirittura condividevano login Netflix con gli stessi account email.

"Non state solo proteggendo i vostri account," disse loro. "State proteggendo il vostro nome. La vostra identità. E la fiducia degli altri."

Travis non si sentiva più imbarazzato. Si sentiva preparato. E voleva che anche gli altri si sentissero così.

Ora, ogni volta che Travis accede alla sua email, apre Instagram o invia un messaggio, sa che la sua porta digitale è ben chiusa.

Controlla ogni mese l'attività di accesso. Rimuove autorizzazioni per app inutilizzate. Ha smesso di condividere messaggi privati su più piattaforme. E ogni volta che qualcuno gli invia un link sospetto — anche se sembra provenire da un amico — si ferma prima di cliccare.

Perché ricorda cosa si prova quando la propria voce digitale viene rubata.

E perché la prossima volta che qualcuno proverà a inviare un messaggio fingendosi lui, troverà un muro — non una finestra aperta.

Capitolo 8: Proteggere i Tuoi Figli e la Tua Famiglia Online

Le minacce digitali non colpiscono soltanto gli adulti — coinvolgono l'intera famiglia. I bambini di oggi nascono in un mondo connesso, dove schermi, app e videogiochi sono normali quanto pastelli e biciclette. Ma insieme a questa connettività arriva anche l'esposizione: a predatori online, truffatori, contenuti inappropriati, algoritmi che creano dipendenza e applicazioni invasive per la privacy. Come genitore o tutore, è tua responsabilità creare un ambiente digitale sicuro — uno spazio che permetta alla tua famiglia di utilizzare la tecnologia con fiducia e cautela. La cybersicurezza non è più facoltativa nella genitorialità. È una competenza essenziale per crescere bambini sicuri e responsabili nel mondo digitale.

Proteggi la Rete Domestica e i Dispositivi

Inizia dalle basi: proteggi la rete Wi-Fi di casa. Cambia la password predefinita del router e imposta una passphrase forte e personalizzata. Usa la crittografia WPA3 o WPA2 e considera la possibilità di nascondere l'SSID della rete se vivi in un'area densamente popolata. Puoi anche creare una rete ospite separata per i visitatori, in modo che non abbiano accesso ai dispositivi principali o ai file condivisi della famiglia.

Imposta controlli parentali su tutti i dispositivi familiari. La maggior parte di smartphone, tablet e computer dispone di strumenti integrati che consentono di limitare contenuti, tempo di utilizzo, download e monitorare le applicazioni utilizzate. Attiva le impostazioni di ricerca sicura nei browser e su YouTube. Installa software di sicurezza su ogni dispositivo della famiglia — inclusi tablet e smartphone — per proteggere da phishing, malware e contenuti inappropriati.

Insegna ai Bambini le Basi della Sicurezza Online

Anche con filtri e controlli attivi, la difesa più potente resta l'educazione. Parla con i tuoi figli dell'importanza di non condividere informazioni personali online — niente nomi completi, indirizzi, compleanni o nomi della scuola. Sottolinea la differenza tra ciò che è pubblico e ciò che è privato e insegna loro a chiedere il permesso prima di pubblicare foto o video di altre persone.

Assicurati che comprendano che gli sconosciuti online restano sconosciuti, anche se sembrano amichevoli. Simula situazioni per aiutarli a riconoscere manipolazione o domande inappropriate. Insegna loro a identificare le truffe e a non cliccare mai link sospetti — anche se arrivano da qualcuno che conoscono. Crea una regola familiare: se qualcosa online li fa sentire a disagio o insicuri, devono parlarne immediatamente con un adulto di fiducia.

Gestisci App, Giochi e Accesso ai Social Media

App e giochi sembrano spesso innocui, ma molti includono acquisti integrati, tracciamento della posizione e raccolta di dati. Controlla sempre i permessi di un'app prima di permettere a tuo figlio di installarla. Disattiva l'accesso a microfono, fotocamera e posizione salvo quando strettamente necessario. Utilizza i filtri di classificazione dei contenuti del dispositivo per assicurarti che i bambini vedano soltanto contenuti adatti alla loro età.

Rimanda l'accesso ai social media il più a lungo possibile. La maggior parte delle piattaforme richiede almeno 13 anni, ma anche allora spetta ai genitori decidere quando il figlio sia davvero pronto. Se concedi l'accesso, aiutalo a configurare l'account. Rendi il profilo privato, disattiva i tag di posizione e controlla insieme le richieste di amicizia. Incoraggiali a fare pause regolari dai social media per evitare stanchezza mentale, bullismo o comportamenti compulsivi.

Monitora, Guida e Stabilisci Confini

Monitorare il comportamento online dei tuoi figli non significa invadere la loro privacy — significa proteggerne la sicurezza. Usa dashboard di controllo parentale per impostare limiti e monitorare l'attività online, ma accompagna tutto con conversazioni regolari. Crea zone senza schermi (come camere da letto o tavolo da pranzo) e stabilisci limiti giornalieri di utilizzo. Incoraggia attività alternative come lettura, gioco all'aperto e tempo sociale faccia a faccia.

Dai il buon esempio. Se passi continuamente tempo sul telefono o condividi eccessivamente sui social media, i bambini tenderanno a imitarti. Mostra loro cosa significa avere sane abitudini digitali. Crea accordi familiari sulla tecnologia che stabiliscano aspettative chiare — ad esempio niente dispositivi dopo le 21:00, controlli settimanali delle password e nessun download di nuove app senza autorizzazione.

Costruisci una Cultura di Fiducia e Responsabilità Digitale

L'obiettivo non è spaventare i bambini allontanandoli da internet — ma insegnare loro a navigarlo con saggezza. Crea una cultura familiare in cui l'uso della tecnologia sia aperto e non segreto. Fai capire ai tuoi figli che possono parlarti di qualsiasi esperienza online senza paura di punizioni o vergogna. Premia i comportamenti responsabili. Celebra le decisioni intelligenti.

Estendi inoltre le abitudini di cybersicurezza ai parenti più anziani. Educa nonni e familiari a non condividere pubblicamente foto dei bambini senza consenso. Limita la quantità di dati personali che tutta la famiglia condivide tramite assistenti vocali, videogiochi online o piattaforme social.

La cybersicurezza è un valore familiare – qualcosa da trasmettere proprio come le buone maniere, i limiti e il rispetto di sé. Quando i bambini crescono sapendo come proteggere la propria identità, comunicare con attenzione e riconoscere i pericoli digitali, non sono soltanto più sicuri online – sono più preparati alla vita.

L'App Segreta

Quando Karen trovò una nuova app sul tablet di sua figlia Mia, undicenne, chiamata "VaultPic," pensò fosse semplicemente un altro editor fotografico. Ma qualcosa sembrava strano. L'icona era mascherata da calcolatrice. Curiosa, la aprì e si trovò davanti a una schermata numerica per inserire una password.

Dopo una rapida ricerca online, Karen scoprì che non era affatto un'app fotografica – era un'app nascosta progettata per conservare video, foto e persino cronologia del browser lontano dagli occhi dei genitori.

Le si strinse il cuore.

Lei e Mia avevano sempre avuto un rapporto basato sulla fiducia. O almeno così credeva. Ma quell'app, e ciò che rappresentava, suggeriva che sua figlia fosse stata esposta a qualcosa di cui non si sentiva pronta a parlare — o che non si sentiva sicura di condividere.

Karen sapeva di dover affrontare la situazione. Non con rabbia — ma con calma, attenzione e chiarezza.

Quella sera si sedette con Mia in salotto.

"Ho notato una nuova app sul tuo tablet," disse dolcemente. "L'ho cercata online. Possiamo parlarne?"

Il volto di Mia arrossì. Evitò il contatto visivo. "È solo per le foto," mormorò.

Karen fece un respiro profondo. "Non sono arrabbiata. Voglio solo capire. Perché hai sentito il bisogno di nascondere le tue foto?"

Dopo alcuni minuti di silenzio, Mia finalmente si aprì. Un gruppo di ragazze della scuola condivideva tutorial di trucco e video "body check" — clip in cui mostravano sottilmente quanto fossero magre. Lo consideravano divertente. Si sfidavano a pubblicare video in un feed privato e a votarsi a vicenda. L'app nascosta era il loro modo per tenerlo segreto ai genitori.

Karen si sentì male. Non perché Mia avesse infranto delle regole — ma perché quel mondo, pieno di pressione silenziosa e accesso incontrollato, era entrato nella vita di sua figlia così velocemente.

La mattina seguente Karen prese una decisione: basta presumere che la vita digitale della famiglia fosse "abbastanza sicura." Era tempo di agire.

Per prima cosa aggiornò la password del Wi-Fi domestico e configurò una rete ospite per i visitatori. Installò impostazioni di controllo del tempo di utilizzo sul tablet e sul telefono di Mia e attivò filtri parentali su app, App Store, YouTube e Safari.

Poi controllò ogni applicazione presente sui dispositivi di Mia — eliminando quelle sospette, bloccando gli acquisti integrati e disattivando la condivisione della posizione. Insieme installarono un browser sicuro progettato per bambini.

Ma Karen non si fermò lì. Avviò una conversazione familiare continua sulla privacy online, sull'identità digitale, sulla pressione dei coetanei e su quanto sia facile imbattersi in contenuti dannosi mascherati da "tendenze innocenti."

Mia non oppose resistenza. Anzi, sembrava sollevata.

Karen parlò anche con altri genitori della scuola. Con sua sorpresa, molti non sapevano nulla delle app nascoste, delle piattaforme anonime di domande e risposte o delle funzioni di messaggistica nascoste dentro giochi apparentemente innocui. Alcuni non controllavano il telefono dei figli da mesi.

Organizzò un piccolo "incontro sulla sicurezza digitale" per i genitori interessati. Insieme crearono una semplice checklist: proteggere la rete domestica, aggiornare i controlli parentali, disattivare la geolocalizzazione automatica, monitorare le app e — soprattutto — parlare regolarmente con i figli di ciò che vedono e fanno online.

Non si trattava di controllare ogni loro movimento. Si trattava di creare una cultura di consapevolezza e responsabilità.

Karen diede persino a Mia un ruolo attivo in tutto questo. "Stai crescendo online," le disse. "Impariamo insieme come farlo nel modo giusto."

Qualche settimana dopo, Mia si avvicinò a Karen con il telefono in mano.

"Qualcuno mi ha scritto facendo domande strane su quell'app di disegno," disse. "Diceva di avere 14 anni ma... non sembrava giusto."

Karen annuì, orgogliosa. "Hai fatto bene a mostrarmelo."

Segnalarono l'utente ed eliminarono l'app.

Quel momento confermò ciò che Karen aveva sperato fin dall'inizio — che i limiti stabiliti non fossero muri, ma ponti. Mia non vedeva sua madre come una poliziotta della tecnologia. La vedeva come un'alleata.

Ed era proprio questo il punto.

La loro casa sembrava diversa ora. Non restrittiva — ma più intelligente.

C'erano regole: niente dispositivi dopo le 20:00. Gli schermi restavano fuori dalle camere da letto. Le nuove app richiedevano una conversazione e una revisione insieme. E ogni domenica avevano una "chiacchierata tecnologica" davanti ai pancake — un momento in cui Mia poteva fare domande, raccontare esperienze o parlare di qualcosa di strano visto online.

Karen non conosceva tutto della cybersicurezza. Ma non era necessario. Ciò che contava era esserci, restare coinvolta e mantenere aperta la comunicazione.

Alla fine, l'app nascosta non fu soltanto un campanello d'allarme. Fu l'inizio di una relazione più forte e migliore – una relazione in cui Mia si sentiva abbastanza al sicuro da chiedere, e Karen abbastanza preparata da rispondere.

Questo era ciò che significava davvero essere genitori nell'era digitale.

Capitolo 9: Riconoscere e Reagire al Furto d'Identità

Il furto d'identità si verifica quando qualcuno ruba le tue informazioni personali — come il numero di previdenza sociale, il numero della carta di credito, la patente di guida o le credenziali di accesso — e le utilizza senza il tuo consenso, spesso per commettere frodi. Questo può includere l'apertura di conti bancari a tuo nome, richieste di prestiti, dichiarazioni fiscali false, accesso ai tuoi benefici assicurativi o persino l'impersonificazione online. Le conseguenze possono variare da perdite finanziarie e danni al credito fino a problemi legali e forte stress emotivo. In un mondo in cui le violazioni dei dati sono sempre più comuni, imparare a riconoscere e reagire al furto d'identità è fondamentale per la tua sicurezza e tranquillità a lungo termine.

I Primi Segnali di Allarme del Furto d'Identità

Il furto d'identità non si manifesta sempre con frodi evidenti e drammatiche. Spesso i segnali sono sottili. Potresti notare transazioni non autorizzate sulla carta di credito, ricevere posta relativa a conti sconosciuti o vedere nuove richieste sul tuo rapporto di credito. Altri segnali d'allarme includono il rifiuto di credito nonostante una buona situazione finanziaria precedente, chiamate da società di recupero crediti per debiti che non riconosci oppure la scoperta che qualcuno ha già presentato la tua dichiarazione dei redditi.

Anche piccoli cambiamenti — come la mancata ricezione di bollette attese o improvvisamente di codici di verifica — possono indicare che il tuo indirizzo o la tua email sono stati modificati senza autorizzazione. Presta attenzione a tutta l'attività dei tuoi account. Il furto d'identità viene spesso scoperto da chi resta vigile, non da chi aspetta che accada un disastro.

Passi Immediati da Seguire Se Sospetti un Furto d'Identità

Se sospetti di essere stato preso di mira, agisci rapidamente. Per prima cosa, inserisci un avviso di frode nei tuoi rapporti di credito tramite uno dei tre principali uffici di credito (Equifax, Experian o TransUnion) — sono obbligati a informare anche gli altri. Un avviso di frode rende più difficile aprire nuovi conti a tuo nome senza ulteriori verifiche. Successivamente, controlla i tuoi rapporti di credito per individuare attività o conti sconosciuti.

Segnala il furto d'identità alla Federal Trade Commission (FTC) tramite identitytheft.gov. La FTC creerà un piano di recupero personalizzato e un rapporto che potrai utilizzare per presentare denunce alla polizia o contestare conti fraudolenti. Contatta inoltre tutte le aziende coinvolte nella frode – come banca, finanziaria o fornitori di servizi – chiedendo di congelare o chiudere gli account compromessi. Conserva traccia di ogni telefonata, rapporto e numero di pratica.

Mettere al Sicuro le Tue Informazioni

Una volta contenuta la minaccia immediata, è il momento di prevenire ulteriori danni. Cambia le password di tutti gli account coinvolti e di qualsiasi altro account che utilizzi credenziali uguali o simili. Usa un password manager per generare password forti e uniche. Attiva l'autenticazione a due fattori (2FA) su ogni piattaforma finanziaria, email e social.

Considera la possibilità di congelare il tuo credito. A differenza dell'avviso di frode, il blocco del credito impedisce a nuovi creditori di accedere al tuo rapporto creditizio finché non rimuovi manualmente il blocco – un'opzione più forte se non prevedi di aprire nuovi conti a breve. Potrai comunque utilizzare normalmente le carte di credito e gli account esistenti, ma nuove richieste non saranno approvate senza il tuo consenso.

Monitora la Tua Identità nel Tempo

Il recupero è solo metà della battaglia. Il vero potere deriva dal monitoraggio e dal rilevamento precoce. Iscriviti a servizi di monitoraggio del credito (alcuni sono gratuiti tramite banche o società di carte di credito). Questi strumenti ti avvisano di cambiamenti nel tuo profilo creditizio, inclusi nuovi conti, pagamenti mancati o richieste sospette.

Valuta l'utilizzo di servizi di protezione dal furto d'identità come LifeLock, Aura o IdentityForce. Questi servizi eseguono scansioni del dark web, avvisi di violazioni dei dati e persino coperture assicurative per fondi rubati o spese legali.

Controlla gli estratti conto bancari ogni settimana. Esamina i rapporti di credito almeno una volta all'anno. Conserva inoltre tessera sanitaria, certificato di nascita e altri documenti sensibili in un luogo sicuro e chiuso a chiave — non nel portafoglio o nella casella email.

Come Proteggerti da Futuri Attacchi

La maggior parte dei furti d'identità avviene a causa di cattive abitudini digitali — utilizzare la stessa password su più account, cliccare su email di phishing, condividere dati sensibili su Wi-Fi pubblici o ignorare aggiornamenti software. Inizia subito a implementare solide abitudini di cybersicurezza: usa VPN sulle reti pubbliche, evita di condividere informazioni personali sui social media e analizza attentamente ogni messaggio o chiamata sospetta.

Presta particolare attenzione anche alla posta cartacea. Distruggi vecchi documenti, soprattutto quelli contenenti informazioni finanziarie o mediche. Non lasciare la posta in uscita nella cassetta postale durante la notte – è un bersaglio ideale per i ladri in cerca di numeri di conto e dati personali.

Insegna ai membri della tua famiglia – soprattutto genitori anziani e adolescenti – cosa sia il furto d'identità. Molti casi nascono perché un solo membro della famiglia espone inconsapevolmente le informazioni dell'intero nucleo familiare.

Il furto d'identità può farti sentire come se qualcuno ti avesse rubato il nome, il credito e il controllo della tua vita. Ma reagendo rapidamente, proteggendo i tuoi dati e sviluppando abitudini più intelligenti, puoi riprendere quel controllo – e rendere molto più difficile per chiunque portartelo via di nuovo.

Non È il Mio Nome, Non È il Mio Debito

Anthony aveva appena ricevuto un'offerta di lavoro. Era il ruolo dei suoi sogni in una startup fintech in rapida crescita – stipendio migliore, lavoro da remoto e un generoso bonus di ingresso. Tutto sembrava finalmente andare nella giusta direzione.

Ma durante il controllo preliminare, il reparto HR lo chiamò per un problema preoccupante. "Il suo rapporto di credito mostra diversi conti insoluti — incluso un prestito auto e una carta di un grande magazzino. Ne era a conoscenza?"

Il cuore di Anthony si fermò per un istante.

"No," rispose a bassa voce. "Non sono miei."

Quella sera accedette al suo rapporto di credito — qualcosa che non controllava da mesi. Eccoli lì: diversi conti aperti a suo nome. I saldi erano scaduti. Uno dei conti mostrava un indirizzo in uno stato dove non aveva mai vissuto.

Non era vittima di una semplice frode. Era vittima di furto d'identità. E non aveva idea di quanto la situazione fosse grave.

Anthony trascorse le due ore successive al telefono con Equifax, Experian e TransUnion. Inserì un avviso di frode sul suo profilo creditizio, segnalò i conti sospetti e richiese i rapporti completi.

Poi visitò identitytheft.gov e presentò una denuncia ufficiale. Il sito della FTC lo guidò attraverso un piano di recupero personalizzato — incluso come presentare una denuncia alla polizia, contestare addebiti fraudolenti e informare le aziende coinvolte.

Alla fine della notte aveva dieci numeri di pratica, sei PDF e un'amara sensazione nello stomaco.

Come era potuto succedere?

Più ci pensava, più tutto diventava chiaro. Mesi prima aveva cliccato su una falsa pagina di accesso PayPal. Sembrava reale. Aveva inserito le credenziali. Più tardi ricevette un'email di phishing che fingeva di provenire dalla banca. Ignorò gli errori grammaticali e cliccò sul link “conferma identità.” Ricordava di aver pensato che qualcosa sembrasse strano — ma non aveva approfondito.

Ora ne stava pagando il prezzo.

Le settimane successive furono estenuanti. Anthony chiamò società di carte di credito per chiudere i conti fraudolenti. Alcune furono collaborative. Altre sospettose. Presentò una denuncia alla polizia locale, non perché pensasse che avrebbero trovato il colpevole — ma per ottenere un documento ufficiale da inviare ai creditori.

Contattò anche l'IRS dopo aver sentito storie di frodi fiscali legate a identità rubate. Fortunatamente non erano state presentate dichiarazioni false — ma inserirono un avviso sul suo fascicolo, per sicurezza.

Anthony congelò il credito presso tutti e tre gli uffici. Nessuno — nemmeno lui — avrebbe potuto aprire nuove linee di credito senza rimuovere manualmente il blocco. Questo gli diede una sensazione di controllo in una situazione che glielo aveva completamente tolto.

L'offerta di lavoro venne sospesa mentre il controllo veniva verificato. L'azienda non stava ritirando l'offerta, ma aveva bisogno "di qualche settimana in più per verificare tutto."

Anthony aveva aspettato anni per quel lavoro. Ora, a causa delle azioni di qualcun altro, il suo futuro era a rischio.

Determinato a impedire che accadesse di nuovo, cambiò tutte le password. Installò un password manager, creò passphrase lunghe e uniche e attivò l'autenticazione a due fattori su tutti gli account critici.

Si iscrisse a un servizio di monitoraggio del furto d'identità che controllava il dark web alla ricerca del suo numero di previdenza sociale, patente o dati finanziari. I risultati furono scioccanti. Le sue informazioni erano state esposte in tre diverse violazioni dei dati — inclusa una di una grande catena alberghiera.

Chiamò i genitori e li guidò attraverso una checklist di cybersicurezza. Non avevano mai controllato i rapporti di credito. Sua madre utilizzava ancora la data di nascita come password bancaria.

"Non riguarda solo me," disse loro. "Chiunque può essere preso di mira."

Mesi dopo, Anthony ricevette finalmente le lettere definitive di conferma. I conti fraudolenti erano stati rimossi. Il punteggio di credito iniziò a recuperare. La startup fintech procedette con l'assunzione.

Ma qualcosa dentro di lui era cambiato.

Non credeva più che "privato" significasse automaticamente "protetto." Iniziò a controllare settimanalmente le transazioni bancarie. Organizzò una presentazione sul furto d'identità per i nuovi colleghi durante la pausa pranzo. Aiutò persino un amico a riconoscere un tentativo di phishing prima che si trasformasse in un disastro finanziario.

Soprattutto, smise di ignorare i segnali d'allarme. Se un messaggio sembrava sospetto, lo verificava. Se un'app richiedeva troppi permessi, non la installava. Se un sito non utilizzava HTTPS, chiudeva immediatamente la scheda.

Anthony era passato da vittima a guardiano.

Una mattina ricevette un avviso: qualcuno aveva tentato di aprire un conto commerciale utilizzando il suo nome. Il blocco del credito lo fermò immediatamente. Nessun danno.

Sorrise soddisfatto. Questa volta era pronto.

La storia di Anthony fu una dura lezione — una lezione che gli costò sonno, tempo e opportunità. Ma gli diede anche qualcosa di molto più potente: consapevolezza.

Ora capiva che l'identità non riguarda soltanto il tuo nome. Riguarda il modo in cui i tuoi dati vengono gestiti, condivisi e protetti. E in un mondo digitale, quell'identità è tua da difendere — ogni giorno.

Capitolo 10: Costruire una Mentalità di Cybersicurezza per Tutta la Vita

Troppe persone vedono la cybersicurezza come una configurazione da fare una sola volta — installare un antivirus, cambiare alcune password, attivare l'autenticazione a due fattori e il gioco è fatto. Ma in realtà, la cybersicurezza non è semplicemente un'attività. È una mentalità — un modo di pensare che integra la sicurezza digitale nella vita quotidiana. Le minacce evolvono costantemente, e così deve fare anche la tua consapevolezza. Che tu sia a casa, in viaggio, mentre fai acquisti online o lavori da remoto, la tua capacità di pensare in modo critico e agire con cautela online determina il tuo livello di protezione. Una mentalità di cybersicurezza per tutta la vita trasforma la reazione in prevenzione.

Rimani Informato Senza Sentirti Sopraffatto

Una delle sfide più grandi della cybersicurezza è restare aggiornati. Nuove truffe, tecniche di phishing e campagne malware emergono ogni giorno. Ma restare informati non significa diventare paranoici o vivere nell'ansia costante. Significa sviluppare una sana consapevolezza e trasformare l'educazione in un'abitudine. Iscriviti a una newsletter affidabile sulla cybersicurezza, ascolta podcast mensili o segui gli avvisi di organizzazioni come FTC, CISA o Krebs on Security.

Rendi parte della tua routine settimanale leggere rapidamente articoli o riepiloghi di notizie. Più familiarizzi con le minacce e le tattiche attuali, più facilmente riuscirai a riconoscerle nella vita reale. Pensala come lavarsi i denti — piccole azioni costanti prevengono danni a lungo termine.

Insegna agli Altri e Rafforza il "Firewall Umano"

Uno dei modi più potenti per sviluppare una mentalità di cybersicurezza è condividerla. Aiuta familiari, colleghi e amici a comprendere le minacce digitali più comuni. La maggior parte delle violazioni non avviene a causa di tecnologie avanzate — avviene perché qualcuno ha cliccato sul link sbagliato o ha utilizzato una password debole. Questi sono errori umani, e possono essere evitati.

Più persone nel tuo ambiente imparano a riconoscere email di phishing, aggiornare software o utilizzare un password manager, più tutti diventano sicuri. Non devi essere un esperto di tecnologia per fare la differenza. Anche solo condividere ciò che hai imparato può contribuire enormemente a creare un "firewall umano" — il comportamento collettivo di persone attente e informate che fungono da prima linea di difesa.

Integra la Cybersicurezza nelle Abitudini Quotidiane

Inizia a inserire la sicurezza nelle tue routine quotidiane. Ogni volta che crei un nuovo accesso, usa il password manager. Quando utilizzi un Wi-Fi pubblico, attiva la VPN. Quando ricevi un messaggio inatteso con un link, verifica prima la fonte. Quando compare una notifica di aggiornamento software, installalo.

Pratica la tecnica "fermati e verifica." Prima di inserire informazioni, chiediti: questo sito è sicuro? Questo messaggio proviene davvero dalla mia banca? Questo download sembra sospetto? Queste micro-decisioni richiedono pochi secondi, ma riducono drasticamente il rischio di compromissione.

Dedica inoltre del tempo ogni trimestre a una pulizia digitale: controlla i permessi delle app, elimina account inutilizzati, cancella la cronologia del browser e aggiorna le password più importanti. Consideralo come le pulizie di primavera della tua vita digitale.

Bilancia Comodità e Sicurezza

Tutti desideriamo comodità. Accessi automatici, dispositivi smart e acquisti con un clic rendono la vita più semplice. Ma ogni comodità ha un potenziale costo. Una forte mentalità di cybersicurezza significa riconoscere questo compromesso e fare scelte intenzionali. Potrebbe significare impiegare 30 secondi in più per accedere con l'autenticazione a due fattori. Potrebbe significare disattivare il tracciamento della posizione o scegliere di non salvare la carta di credito nel browser.

Non è necessario eliminare ogni comodità — ma devi sapere dove tracciare il limite. Chiediti sempre: questa comodità vale l'esposizione? Posso aggiungere un livello di protezione senza sacrificare l'usabilità? Decisioni intelligenti creano l'equilibrio tra comfort e controllo.

Evolvi Insieme al Panorama delle Minacce

La cybersicurezza non finisce mai. Man mano che la tecnologia avanza — dalle case intelligenti ai dispositivi indossabili fino alle frodi alimentate dall'intelligenza artificiale — anche la tua mentalità deve adattarsi. Ciò che funziona oggi potrebbe essere obsoleto domani. Impegnati nel miglioramento continuo. Impara le basi adesso, ma resta flessibile e curioso riguardo al futuro.

Preparati anche all'imprevisto. Sapere cosa fare se i tuoi dati vengono rubati, gli account violati o la tua identità compromessa è fondamentale. Conserva un piano di emergenza scritto, copie offline sicure dei codici di recupero e una persona fidata da contattare in caso di emergenza.

La parte più importante di una mentalità di cybersicurezza è la convinzione di esserne capace. Non devi essere un programmatore, un hacker o un mago della tecnologia per proteggerti. Devi semplicemente preoccupartene abbastanza da agire.

Perché le persone più sicure online non sono quelle che sanno di più — sono quelle che non smettono mai di imparare.

Il Cambiamento

Priya non pensava molto alla cybersicurezza — fino al giorno in cui rischiò quasi di perdere la sua attività freelance.

Tutto iniziò con un piccolo errore. Stava lavorando nel suo bar preferito, sorseggiando chai e aggiornando una proposta quando comparve una schermata di accesso Wi-Fi. Sembrava il normale portale del locale, quindi inserì la sua email e cliccò "Connetti."

Nulla sembrava fuori posto.

Ma più tardi quella sera notò che il suo account Gmail aveva effettuato un accesso da una posizione sconosciuta. Poi la password di Dropbox smise di funzionare. Poi il pannello del suo sito web la bloccò fuori.

Nel giro di poche ore qualcuno aveva ottenuto accesso alla sua email, all'archivio cloud e al sito portfolio — il cuore della sua attività. L'intruso non cancellò nulla, ma lasciò abbastanza caos da provocare una settimana di stress e panico tra i clienti.

Priya non era stata hackerata con forza bruta. Era stata disattenta — e questo era bastato.

Passò i giorni successivi a sistemare il disastro. Cambiare password. Ripristinare backup. Rispondere a email imbarazzanti di clienti che avevano ricevuto messaggi sospetti. Era estenuante.

Continuava a chiedersi: perché mi sono collegata a quella rete senza pensarci? Perché ho riutilizzato la stessa password su così tante piattaforme?

Quella settimana fu il suo campanello d'allarme.

Iniziò a guardare tutorial su YouTube e leggere articoli sulla sicurezza online. Scoprì il concetto di "firewall umano." Le parlò profondamente — la maggior parte degli attacchi informatici non avviene per colpa di hacker super tecnologici, ma perché qualcuno come lei non si è fermato a verificare un link o ha pensato "a me non succederà mai."

Decise che non si sarebbe mai più lasciata trovare così vulnerabile.

All'inizio era sopraffatta. C'era così tanto da imparare. VPN, password manager, modelli di phishing, monitoraggio del dark web, firewall... sembrava una lingua straniera.

Ma Priya non si arrese. Procedette un cambiamento alla volta.

Iniziň a usare un password manager, e sembrò magia. Sostituì tutte le password riutilizzate con passphrase complesse e uniche e attivò l'autenticazione a due fattori ovunque. Aggiornò le impostazioni del browser per bloccare i tracker e iniziò a usare Brave per una maggiore privacy.

Attivò gli aggiornamenti automatici dei dispositivi. Smise di collegarsi a reti Wi-Fi pubbliche senza VPN. Iniziň a fare backup dei file importanti sia nel cloud sia su un disco esterno crittografato.

Ogni passo le dava maggiore fiducia — non soltanto nella sua vita digitale, ma in sé stessa.

Anche il suo comportamento iniziò a cambiare. Quando riceveva un messaggio inatteso con un link, non cliccava più automaticamente. Quando un cliente inviava una fattura strana, telefonava per confermare. Si fermava prima di concedere alle app accesso alla fotocamera o al microfono. Controllava le impostazioni privacy sui social media e rimuoveva decine di vecchi post che rivelavano troppo.

La cybersicurezza non era più un elenco di faccende. Era una mentalità — e stava diventando parte della sua identità.

Un giorno scrisse un articolo sul blog intitolato "Cybersicurezza per Creativi: Perché il Tuo Portfolio Non È Sicuro di Default." Divenne virale nel suo settore. Designer grafici, scrittori e fotografi le scrissero ringraziandola per aver spiegato il tema in modo semplice e comprensibile.

Iniziň anche a organizzare workshop su Zoom per comunità di freelance. "Non dovete essere esperti," diceva loro. "Dovete semplicemente tenere abbastanza alla vostra sicurezza da voler imparare."

Ciò che sorprese di più Priya non fu quanto imparò — ma quanto fossero semplici i cambiamenti, una volta compreso il motivo dietro ciascuno. La parte più difficile era stata iniziare.

Ora eseguiva una "pulizia digitale profonda" ogni trimestre. Controllava permessi. Eliminava account inutilizzati. Aggiornava password. Cercava la sua email sui siti di violazioni dati. Era diventata una routine normale quanto fare le tasse o aggiornare il curriculum.

La cybersicurezza diventò il suo superpotere silenzioso.

E quando sua sorella la chiamò una sera, nel panico dopo aver ricevuto una telefonata truffa che chiedeva il numero di previdenza sociale, Priya la guidò con calma passo dopo passo. "Stavano cercando di manipolarti con ingegneria sociale," spiegò. "Hai fatto bene a riattaccare."

La sorella rimase scioccata. "Quando sei diventata così brava in queste cose?"

Priya sorrise. "Dopo aver quasi perso tutto."

Anni dopo, Priya avrebbe ricordato quel momento nel bar come il punto di svolta — il giorno in cui iniziò a pensare diversamente.

Non viveva più nella paura di violazioni dati o truffe online. Era consapevole, preparata e proattiva. La cybersicurezza non era qualcosa che aveva fatto una volta sola. Era qualcosa che viveva ogni giorno.

E non la faceva sentire paranoica.

La faceva sentire in controllo.

Perché nell'era digitale, la sicurezza non riguarda soltanto antivirus o email crittografate. Riguarda sviluppare l'abitudine alla consapevolezza – la capacità di fermarsi, mettere in dubbio, verificare e adattarsi.

Questa è la mentalità che Priya scelse.

E quella mentalità cambiò tutto.

Epilogo: Una Versione Più Sicura di Te Inizia Adesso

Se sei arrivato fino a questo punto, congratulazioni. Hai compiuto il primo — e più importante — passo verso la protezione della tua vita digitale: la consapevolezza. Internet ha cambiato il modo in cui viviamo, lavoriamo e ci connettiamo. Ma con questo potere arriva anche una responsabilità. Non possiamo più permetterci di trattare la cybersicurezza come il lavoro di qualcun altro, né presumere che le impostazioni di sicurezza che abbiamo "configurato e dimenticato" anni fa siano ancora sufficienti. La verità è che le minacce informatiche non dormono mai. Ma nemmeno la tua capacità di superarle in astuzia.

Non hai bisogno di diventare un genio della tecnologia o un analista di cybersicurezza per restare al sicuro online. Devi semplicemente rimanere vigile, adottare abitudini intelligenti e continuare a essere curioso. Ogni storia in questo libro ha mostrato esempi reali di persone comuni — imprenditori, genitori, freelance, studenti — che sono stati presi di mira non perché fossero famosi, ma perché erano connessi. Proprio come te.

Il mondo digitale premia velocità, comodità e condivisione costante. Ma le stesse qualità possono anche esporci. Un clic, una password riutilizzata, un link non verificato – spesso basta questo per diventare una vittima. Ecco perché la cybersicurezza non è un problema di software. È un problema di decisioni umane. E la buona notizia è che gli esseri umani possono imparare. E tu lo hai già fatto.

Questo libro non ti ha semplicemente dato consigli. Ti ha fornito una struttura: proteggi i tuoi dispositivi, metti al sicuro i tuoi account, riconosci le truffe, esegui backup dei tuoi dati, pensa in modo critico e condividi ciò che sai con le persone a cui tieni. Se farai queste cose con costanza — non perfettamente — sarai già più sicuro del 90% della popolazione.

Ora hai costruito una base. La sfida futura sarà mantenerla forte.

La cybersicurezza non è una destinazione. È uno stile di vita. Man mano che emergono nuove minacce — dal phishing generato dall'intelligenza artificiale alla falsificazione biometrica e alle impersonificazioni deepfake — il tuo compito sarà adattarti, non andare nel panico. Rimani calmo, informato e, quando non capisci qualcosa, prenditi cinque minuti per fare una ricerca. Molto spesso, quella semplice pausa è tutto ciò che serve per riconoscere una truffa o proteggere un'impostazione.

Non scoraggiarti se dimentichi un passaggio o abbassi la guardia. Ciò che conta è il tuo impegno nel correggere la rotta. Diventerai più intelligente con ogni articolo, ogni aggiornamento e ogni momento di consapevolezza. Considera l'igiene digitale come chiudere la porta di casa, lavarsi le mani o allacciare la cintura di sicurezza. Non è qualcosa di drammatico. È semplicemente intelligente.

Se sei un genitore, insegna presto ai tuoi figli. Se sei un manager, forma il tuo team. Se fai parte di una comunità, condividi le semplici verità che hai imparato qui. La maggior parte delle persone non cade vittima del cybercrimine perché è stupida. Cade vittima perché nessuno ha mai insegnato loro cosa osservare.

Ma ora che lo sai, sei nella posizione di guidare con l'esempio.

Puoi essere il motivo per cui la tua famiglia è più sicura. Puoi essere la voce durante una riunione che ricorda a tutti di verificare i link prima di cliccare. Puoi essere l'amico che spiega agli altri come congelare il credito, segnalare tentativi di phishing o recuperare un'identità rubata. Una sola conversazione può cambiare la vita di qualcuno — o salvare la sua vita digitale.

E quando ti sentirai frustrato — quando le password sembreranno opprimenti o la privacy impossibile — ricorda: non sei impotente. Sei più preparato della maggior parte delle persone. E quella preparazione ti dà potere.

La cybersicurezza non significa che non sarai mai preso di mira. Significa che saprai cosa fare quando succederà.

Quindi prenditi un momento per apprezzare quanta strada hai fatto. Dall'imparare come operano i truffatori fino a rafforzare le tue password e proteggere i tuoi figli online, hai acquisito competenze che la maggior parte delle persone non svilupperà mai. Non hai semplicemente ascoltato. Hai trasformato il tuo modo di pensare.

Questa è la vera vittoria.

Mentre chiudi questo libro, ricorda quest'ultima verità: la cybersicurezza non riguarda soltanto la difesa. Riguarda il potere personale. I tuoi dati ti appartengono. La tua identità online è sotto il tuo controllo. Sei tu a stabilire i confini digitali della tua vita.

E ora sei pronto a difenderli — non con paura, ma con fiducia.

Quindi vai avanti non soltanto come utilizzatore della tecnologia... ma come suo padrone.

Perché in un mondo in cui i dati sono potere, tu sei appena diventato più forte che mai.

www.ingramcontent.com/pod-product-compliance
Lightning Source LLC
LaVergne TN
LVHW040521210926
848480LV00007BA/1537